Georg Pröbstl

Die besten Dividendenstrategien

TITEL DER SIMPLIFIED-BUCHREIHE

Lawrence. A Cunningham
Value Investing – simplified

Pierre M. Daeubner
Alles was Sie über Technische Analyse wissen müssen – simplified

Ed Downs
Die besten Chartmuster – simplified

Markus Jordan
Zertifikate – simplified

John J. Murphy
Charttechnik leicht gemacht – simplified

Georg Pröbstl
Die besten Dividendenstrategien – simplified

Michael Proffe
Die besten Trendfolgestrategien – simplified

Udo Rettberg
Rohstoffe – simplified

Stefan Riße
CFDs – simplified

Daniel Wilhelmi
Emerging Markets – simplified

Georg Pröbstl

DIE BESTEN DIVIDENDEN-STRATEGIEN

Mit den richtigen Werten Geld verdienen

FinanzBuch Verlag

simplified

Gesamtbearbeitung: Judith Wittmann
Lektorat: Dr. Renate Oettinger
Druck: Druckerei Joh. Walch, Augsburg

1. Auflage 2005

Frundsbergstraße 23
80634 München
Tel. 089 651285-0
Fax 089 652096
info@finanzbuchverlag.de

Den Autor erreichen Sie unter:
gproebstl@finanzbuchverlag.de

Bibliografische Information der Deutschen Bibliothek: Die Deutsche Bibliothek verzeichnet diese Publikation in der Deutschen Nationalbibliografie; detaillierte bibliografische Daten sind im Internet über **http://dnb.ddb.de** abrufbar.

ISBN 3-89879-167-X

simplified

Inhalt

simplified

DIE NEUE SIMPLIFIED-BUCHREIHE
WWW.SIMPLIFIED.DE

simplified

Vorwort

Day Trading: Viel zu hektisch und stressig, bringt oft Magengeschwüre. Arbitrage: Der Zeitaufwand ist enorm. Die Konkurrenz groß. Vor allem ehemalige professionelle Händler aus Banken und Wertpapierhandelshäusern verderben das Spiel. News Trading: Zockerei, die oft in die Pleite führt. Chartanalyse: »Eine Wissenschaft, die vergeblich sucht, was Wissen schafft«, sagte der Altmeister der Börse, André Kostolany, dazu.

Wie die Alchimisten im Mittelalter auf der Suche nach dem Zaubermittel, um Gold zu machen, suchen viele professionelle Spekulanten und Investoren, aber auch falsche Propheten und zahlreiche Amateurbörsianer den Weg zu Reichtum an den Kapitalmärkten. Alles wird dabei ausprobiert. Viele Anleger mussten ihre Börsenexperimente schon teuer mit reichlich Lehrgeld bezahlen.

Von den ganzen – zum Teil streng vertraulichen – Strategien der Börsenexperten funktionieren einige vielleicht sogar. Doch sie sind oft sehr kompliziert und zeitaufwändig und damit nichts für den Gelegenheitsbörsianer. Er kann sich nur in seiner Freizeit, am Abend nach der Arbeit, am Wochenende oder im Urlaub mit Aktien und Börse beschäftigen.

Dabei können aber auch Sie Geld an der Börse verdienen. Es gibt tatsächlich eine Strategie, die Ihre Nerven als Anleger schont, dicke Gewinne bringt und auch noch schnell und einfach selbst von Börsenneulingen umgesetzt werden kann. Sie fragen sich jetzt: Wie heißt das Allheilmittel gegen schlaflose Nächte, große Risiken und hohe Verluste? Wie funktioniert die Strategie? Die Rede ist von Dividendenstrategien.

Ich spreche nicht von Dividendenrenditen von ein oder zwei Prozent. Ich spreche von Papieren mit nachhaltig hohen Ausschüttungen – fünf, sechs, ja sogar über zehn Prozent Dividendenrendite im Jahr.

Schon mit der einfachsten Einstiegsstrategie konnten Anleger in den vergangenen 45 Jahren den Deutschen Aktienindex DAX deutlich schlagen. Diese simple Strategie brachte in dem Zeitraum ein jährliches Plus von durchschnittlich 9,6 %. Zum Vergleich: Der DAX schaffte nur 4,9 % plus im Jahr.

Dabei ist bei dieser Strategie sogar noch mehr möglich. Sehen Sie sich einmal andere Segmente an oder wagen Sie einen Blick ins Ausland. Dividendenstrategien in den USA brachten beispielsweise über einen Zeitraum von 30 Jahren zwischen 1973 und 2002 ein jährliches Plus von durchschnittlich 17,7 %. Der US-Aktienindex Dow Jones bescherte den Anlegern dagegen nur einen Gewinn von 11,9 % im Jahr.

Trotz der exzellenten Performance werden Dividenden von den meisten Anlegern immer noch unterschätzt. Oder wussten Sie beispielsweise, dass 38,4 % der Performance des Dow Jones zwischen 1929 und 2002 auf Dividendenzahlungen entfielen?

Dividendenstrategien bringen Ihnen erfahrungsgemäß nicht nur höhere Gewinne als der breite Aktienmarkt. Hohe Dividenden schützen Sie obendrein vor starken Kursverlusten. Auch die Kursschwankungen sind niedriger. Sie können somit viel gelassener an die Sache herangehen. Der tägliche oder gar stündliche Kontrollblick auf den Kurszettel ist völlig überflüssig.

Und noch ein Vorteil: Mit Dividenden können Sie sogar noch Steuern sparen. Denn die Ausschüttungen deutscher Aktiengesellschaften sind zur Hälfte steuerfrei. Schon das bringt Ihnen im Vergleich zu Anleihen und anderen Festverzinslichen einen gewaltigen Renditevorsprung.

Und noch ein Punkt: Dividenden werden immer wichtiger für die Private Altersvorsorge. In den USA beispielsweise erzielen Rentner schon heute einen Großteil ihrer Einkünfte über Dividenden. Das wird auch in Deutschland so kommen. Wenn Sie deshalb jetzt schon auf zuverlässige Dividendenzahler setzen und langfristig bei dieser Strategie bleiben, dann sind Sie bei dem neuen Megatrend von Anfang an mit dabei.

simplified

1 Wie sich Geldanlage auszahlt

Ein Rechenbeispiel

Sicher haben Sie sich schon oft gefragt, wie Sie Ihr sauer verdientes Geld gut anlegen können. Die Entscheidung fällt nicht leicht. Das Angebot an Geldanlagemöglichkeiten ist riesig, kaum ein Anleger behält noch den Überblick: Ob Fonds, Aktien, Anleihen, Festgeld, Sparbriefe oder Lebensversicherungen: Die Finanzdienstleister und anderen Anbieter buhlen um Ihre Gunst bzw. Ihr Geld und versprechen Ihnen oft das Blaue vom Himmel.

Sehen wir uns einmal an, was die einzelnen Anlageformen an Rendite bringen und wie sich eine höhere oder niedrigere Verzinsung im Laufe der Zeit auswirkt. Wie schneiden Aktien, wie Dividendenstrategien im Vergleich zu Anleihen, Sparbuch oder Festgeld ab? Wie entwickeln sich die einzelnen Anlageformen im Laufe von zehn, zwanzig und mehr Jahren?

Sie werden es kaum glauben: Schon ein paar Prozent mehr Rendite im Jahr, und Ihr Vermögen wächst dramatisch:

Renditen verschiedener Geldanlagen

	Sparbuch	Rendite in %	Festgeld 12 Monate	Rendite in %	Bundesschatzbrief Typ A	Rendite in %
aktuelle Rendite in % pro Jahr	1,5		2,25		2,83	
Das wird aus 1.000 € in*						
5 Jahren	1.077	7,7%	1.117	11,7%	1.150	15,0%
10 Jahren	1.161	16,1%	1.249	24,9%	1.322	32,2%
15 Jahren	1.250	25,0%	1.396	39,6%	1.520	52,0%
20 Jahren	1.347	34,7%	1.561	56,1%	1.747	74,7%

25 Jahren	1.451	45,1%	1.744	74,4%	2.009	100,9%
30 Jahren	1.563	56,3%	1.949	94,9%	2.310	131,0%
40 Jahren	1.814	81,4%	2.435	143,5%	3.054	205,4%

*Quelle: Dt. Bundesbank, eigene Berechnungen, *) bei Wiederanlage der Zinsen*

Sparbrief, Festgeld oder Bundesschatzbriefe werfen nach Steuern und Inflation so gut wie keine Rendite ab.

Unser erstes Beispiel im Vergleich ist das klassische Sparbuch. Sparbuch? Sie fragen sich vielleicht: Wer legt denn heute noch Geld auf das Sparbuch? Das tun immer noch sehr viele Bürger! Nach Angaben der Deutschen Bundesbank hatten die Deutschen im April 2005 rund 605 Milliarden € in Spareinlagen angelegt und hier eben überwiegend in Sparbücher mit einer Kündigungsfrist von drei Monaten.

Wie Sie nun der Tabelle entnehmen können, werden aus 1.000 € auf dem Sparbuch bei 1,5 % Zins im Jahr in zehn Jahren 1.161 €, in 30 Jahren 1.563 € und in 40 Jahren 1.814 €. Der Gesamtgewinn liegt dann entsprechend nach 40 Jahren bei 81,4 %. Etwas mehr bringt Festgeld. Hier werden aus 1.000 € in 40 Jahren 2.435 €, der Gewinn liegt bei 143,5 %. Noch mehr gibt es bei Bundesschatzbriefen: Nach 40 Jahren liegt der Gewinn bei 205,4 %, aus 1.000 € werden 3.054 €.

Steuern und Inflation nicht vergessen

Aber wissen Sie, was passiert, wenn Sie Inflation und Steuern berücksichtigen? Aus Ihren 1.000 €, die Sie beispielsweise auf das Sparbuch legen, bleiben so nominal und nach einem Durchschnittssteuersatz von 30 % nur noch 835 €! Für Sie ein reines Verlustgeschäft! Stellen Sie sich vor: Der reale Nettozins beim Sparbuch liegt bei –0,45 % im Jahr! Beim Festgeld können Sie bei einem realen Nettozins von 0,075 % pro Jahr insgesamt mit einem Plus von 3,0 % in 40 Jahren rechnen – und zwar nach Steuern und Inflation! Damit können Sie mit Ach und Krach den Wert Ihres Vermögens erhalten. Auch Bundesschatzbriefe machen Sie nicht reich. Das Plus nach 40 Jahren Sparsamkeit und Geldanlage liegt insgesamt real und netto lediglich bei 21,2 %. Mehr zum Thema Steuern lesen Sie in Kapitel 9.

Sie sehen: Sparbuch, Festgeld oder die von der Bundeswertpapierverwaltung in Bad Homburg verniedlichten und stark beworbenen »Bundesschätzchen« sind bei der Performance wirkliche Ladenhüter. Sie bieten Ihnen als Anleger für Ihr sauer verdientes und erspartes Geld keinen nennenswerten Ertrag.

Dividendenaktien bringen die höchste Rendite

Sehen wir uns nun einmal an, wie es um Bundesanleihen, Blue Chips aus dem DAX und Dividendenstrategien bestellt ist:

Renditen verschiedener Geldanlagen

	Bundesanleihen 10 Jahre Laufzeit	Rendite in %	DAX*	Rendite in %	Dividenden-strategie (siehe Kapitel YY)*	Rendite in %
aktuelle Rendite in % pro Jahr	3,4		4,87		9,63	
Das wird aus 1.000 € in**						
5 Jahren	1.182	18,2%	1.268	26,8%	1.584	58,4%
10 Jahren	1.397	39,7%	1.609	60,9%	2.508	150,8%
15 Jahren	1.651	65,1%	2.041	104,1%	3.971	297,1%
20 Jahren	1.952	95,2%	2.588	158,8%	6.289	528,9%
25 Jahren	2.307	130,7%	3.283	283,1%	9.959	895,9%
30 Jahren	2.727	172,7%	4.164	316,4%	15.772	1477,2%
40 Jahren	3.809	280,9%	6.700	570,0%	39.553	3855,3%

*Quelle: Dt. Bundesbank, eigene Berechnungen, *) im Durchschnitt pro Jahr zwischen 1960 und 2004, **) bei Wiederanlage der Zinsen/Dividenden*

Langfristig entwickeln sich Aktien deutlich besser als Festverzinsliche Anlagen. Noch höhere Gewinne bringt die Auswahl von Aktien unter dem Aspekt der Dividende.

Die Tabelle zeigt: Mit Bundesanleihen können Sie Ihren Kapitaleinsatz in 40 Jahren etwa vervierfachen. Bei Anlage des Geldes in den DAX und Wiederanlage der Dividenden in den Index haben Sie nach 40 Jahren immerhin schon fast den siebenfachen Betrag. Ein Plus von insgesamt 570 % .

Viel besser laufen aber Dividendenstrategien. Wenn Sie Ihre 1.000€ nach einer ganz simplen Dividendenstrategie 40 Jahre lang investiert hätten, nämlich in die dividendenstärksten Aktien aus dem DAX, dann wären Sie jetzt richtig vermögend: Denn mit Dividendenrennern wurden aus 1.000 € sage und schreibe 39.553 € – ein Plus von rund 4.000 %.

Der Fiskus zeigt sich gnädig

Und Steuer und Inflation? Zehnjährige Bundesanleihen bringen Ihnen in 40 Jahren netto preisbereinigt immerhin schon 42 % Vermögenszuwachs. Der DAX bringt rund 280 %, die Dividendenstrategie sogar über 1.400 %. Aus 1.000€ werden so netto real bei Anlage in den DAX etwa 3.800€, mit der Dividendenstrategie sogar rund 14.000 €.

Anmerkung

Bei der Berechnung von Steuern und Inflation gelten folgende Annahmen: 1,5 % Inflation, 30 % Steuer.

1) Der DAX wird durchgehend gehalten, Steuern fallen also keine an. Die Rendite ist dann 4,87 % pro Jahr abzüglich 1,5 % Inflation im Jahr, ergibt real, also preisbereinigt, ein jährliches Plus von 3,37 %.

2) Eine einfache Dividendenstrategie bringt 9,63 % im Jahr. Abzüglich 1,5 % Inflation bleiben real 8,13 %. Da Sie die Dividendenaktien annahmegemäß innerhalb eines Jahres verkaufen, fallen 30 % Steuern (annahmegemäß Ihr persönlicher Steuersatz) auf die Hälfte des Dividendenertrages an. Konkret: 8,13 % Rendite im Jahr, davon 30 % Steuern auf die Hälfte des Gewinns. Bleiben netto preisbereinigt 6,91 % plus im Jahr).

Kann das stimmen? Ja! Denn der Kursgewinn im DAX ist komplett steuerfrei, da Sie den Index ja 40 Jahre lang halten und so die Spekulationsfrist überschreiten. Lediglich die Dividenden sind zu versteuern. Aber hier ist nach dem Halbeinkünfteverfahren auch nur die Hälfte des Ertrages zu versteuern. Bei der Dividendenstrategie fallen zwar Steuern für Kursgewinne und die ausgezahlten Dividenden an, doch auch hier gilt das Halbeinkünfteverfahren, die Hälfte der Einnahmen ist schon einmal komplett steuerfrei, der Rest wird nach dem persönlichen Steuersatz besteuert.

Höhere Rendite und zusätzlich auch noch steuerlich begünstigt: Die Gesamtperformance muss damit einfach höher liegen als bei Festverzinslichen Anlagen.

Und noch etwas wird deutlich: Nur mit Anlage des Geldes in dividendenstarke Aktien, eingeschränkt in den breiten Markt, können Sie es sich wirklich nach 40 Jahren Berufsleben leisten, in Rente zu gehen. Die anderen Anlageformen bringen bei weitem keinen so angenehmen Lebensabend.

simplified

2 Die Renaissance der Dividende

Aus Erfahrung wird man klug – von Wachstum zu Substanz

Erinnern Sie sich? Noch vor fünf, sechs Jahren kauften Anleger wie wild Internet-, Biotech-, Medien- und Telecom-Aktien. Ob die Firmen ihr Geld wert waren, spielte damals überhaupt keine Rolle. Ob es Gewinne gab, war völlig egal. Hauptsache, ein Unternehmen hatte irgendetwas mit Wachstum zu tun und bot reichlich Phantasie. Analysten entwickelten völlig neue Bewertungsmodelle. Achteten alle früher, etwa in den 50er-, 60er-, 70er- und 80er-Jahren, auf eine moderate Bewertung der Gewinne mit Kurs-Gewinn-Verhältnissen (KGV: Kurs der Aktie/Gewinn je Aktie) von etwa zehn bis 25, so galt im Börsenhype 1999/2000 nur noch Wachstum. Selbst eingefleischte Banker und Börsenprofis hielten damals tatsächlich Kurs-Umsatz-Verhältnisse (KUV: Börsenwert des Unternehmens/Umsatz des Unternehmens) von 100 für angemessen. Ein Unternehmen konnte dabei tatsächlich an der Börse 100-mal so viel kosten wie sein Jahresumsatz aus dem operativen Geschäft! Gewinne gab es bei den meisten Tech- und Wachstumswerten ohnehin selbst auf lange Sicht oft noch keine.

Die neuen Bewertungsmodelle hatten schlimme Folgen: Selbst bei den 30 Blue Chips im DAX, mit renommierten Unternehmen wie Allianz, Daimler Chrysler, Deutsche Telekom oder RWE, schraubte sich die Bewertung von Tag zu Tag immer weiter in die Höhe. Beispielsweise hatte der Softwarekonzern SAP im Juli 2000 bei einem Indexstand des DAX in der Nähe seines Allzeithochs von 8.136 Punkten noch über Jahre hinweg ein erwartetes KGV fast im dreistelligen Bereich. Bei den Wachstumswerten am Neuen Markt, mit dem NEMAX Index, war es teilweise deutlich mehr. Firmen, die Gewinne schrieben, hatten dann nicht selten KGVs von 300, 400, ja sogar 800.

Bewertung und Performance – Techwerte					
Unternehmen			KGV	Kursentwicklung	Dividende
				5 Jahre	Rendite
	1999*	2000*	2004**	7/00–7/05	in %***
DAX					
Dt. Telekom	103,5	52,9	14,5	-73,10%	1,05%
Epcos	85,8	45,3	15,5	-90,50%	0,00%
Infineon	848,4	76,4	105,4	-90,00%	0,00%
SAP Vz.	130,6	100,1	34,4	-34,90%	0,24%
NEMAX 50					
Aixtron	422,9	308,3	27,1	-96,30%	0,05%
Singulus	104,1	68,0	7,7	-85,60%	0,00%
Telegate	853,6	284,5	13,5	-85,80%	0,00%

*) Stand Juli 2000, teilweise geschätzt; **) auf Basis 2004, Stand Juli 2005;
***) Stand Juli 2000, Basis 1999

Firmen mit hoher Bewertung und niedriger Dividendenrendite in den Jahren 1999 und 2000 haben in den letzten fünf Jahren dramatisch an Wert verloren.

Auf jeden Fall war dieses Bewertungsniveau nicht zu halten. Ein hohes KGV hat normalerweise auf Sicht von maximal ein oder zwei Jahren folgenden Effekt: Entweder steigt der Gewinn des Unternehmens bei einem hohen KGV stark an, sodass die Bewertung wieder auf ein normales Niveau (KGV etwa im Bereich zwischen zehn und 25) fällt, oder aber der Kurs geht bei gleich bleibenden Gewinnen so lange nach unten, bis auch hier wieder ein vernünftiges KGV erreicht ist. Da sich Gewinne aber nicht beliebig steigern lassen, kam es in der Übertreibungsphase im Jahr 2000, wie es kommen musste: Die Kurse brachen ein, die Bewertung wurde durch die fallenden Notierungen wieder zurechtgestutzt.

Der Dividendenzyklus

Nach dem Jahrtausend-Crash schrieben viele Firmen sogar hohe Verluste. Schließlich liefen nicht nur die Geschäfte plötzlich schlecht, es waren auch hohe Abschreibungen zu verkraften. Denn viele Unternehmen waren im Boom auf Einkaufstour gegangen und hatten in der Euphorie Konkurrenten viel zu teuer übernommen. In der Flaute waren die zugekauften Firmen oft nicht einmal mehr das Papier wert, auf dem der Kaufpreis stand. Bei der Deutschen Telekom gab es so beispielsweise 2002 außerplanmäßige Abschreibungen auf immaterielle Vermögensgegenstände allein für die zu hohen Firmenwerten der zugekauften Mobilfunkgesellschaften in Höhe von 20,8 Milliarden €. Vorstandschef Ron Sommer musste einen Verlust in Höhe von 24,6 Milliarden € melden. Die Dividende für 2002 und 2003 fiel flach.

Noch mehr Miese gab es bei AOL Time Warner. Auch hier war die verschwenderische Einkaufstour schuld. Der US-Medienkonzern musste deswegen Anfang 2002 Goodwill-Abschreibungen auf nicht werthaltige Beteiligungen in Höhe von 54 Milliarden US-$ verkraften.

Dann waren die Abschreibungen aber doch irgendwann verkraftet. Restrukturierungen, Entlassungen und Kostensenkungen brachten den Turnaround, die Rückkehr in die Gewinnzone, bei vielen Firmen. Gewinn und Liquidität in den Unternehmen legten deutlich zu. Nach Angaben der US-Notenbank und der Investmentbank Bear Stearns liegt derzeit die Liquidität der Unternehmen in den USA um 69 % höher als sonst im gegenwärtigen Konjunkturzyklus üblich. Jetzt ist genug Geld da, die Dividenden können steigen.

Der Markt entdeckt die Dividende

Das war die dunkle Seite der Börse. Aber trotz Crash und Konjunkturflaute gab es auch Firmen, die immer noch schöne Gewinne schrieben und hübsche Dividenden, wie teilweise schon zehn oder 20 Jahre vorher, zahlen konnten. Die Kurse dieser Firmen entwickelten sich so auch im Crash robust. Kein Wunder also, dass die Anleger nach dem Reinfall auf fundamentale Daten und Substanz setzen. Und hier stehen eben Dividenden ganz oben auf der Liste.

Bewertung und Performance – Dividendenwerte					
Unternehmen			KGV	Kursentwicklung	Dividende
	1999*	2000*	2004**	5 Jahre 7/00–7/05	Rendite in %***
DAX					
DaimlerChrysler	9,2	8,8	14,6	-36,8%	4,2%
ThyssenKrupp	15,4	13,0	8,7	-5,5%	4,4%
BASF	20,3	15,2	16,8	31,4%	2,6%
Bilfinger Berger	18,3	13,8	31,0	193,9%	2,9%
Dürr	11,6	11,7	16,0	-33,4%	4,7%
Dyckerhoff VZ	7,6	6,7	23,8	-14,2%	3,6%
Hochtief	12,0	9,6	46,0	9,1%	3,1%
IKB	14,2	13,1	15,0	44,4%	4,6%

**) Stand Juli 2000, teilweise geschätzt; **) auf Basis 2004, Stand Juli 2005;*
****) Stand Juli 2000, Basis 1999*

Viele der dividendenstarken Aktien aus den Boomjahren 1999/2000 konnten in den vergangenen fünf Jahren sogar deutlich zulegen.

Das Thema Dividende wird jetzt auch von Indexbetreibern immer mehr gespielt. So hat etwa die Deutsche Börse am 1. März 2005 einen Dividendenindex, den »DivDAX«, eingeführt. Auswahlkriterium für die Aufnahme in den Index ist die Dividendenrendite. Es kommen jeweils die 15 Unternehmen aus dem DAX mit der höchsten Dividendenrendite in den DivDAX. Die Zusammensetzung wird einmal im Jahr im September getroffen.

Und wie Sie sich wahrscheinlich denken: Die Performance des DivDAX ist besser als die des DAX.

Beispielsweise lag das Kursplus im DivDAX seit 1999 durchschnittlich im Jahr um 4,5 % höher als im DAX. Dabei betrug im Dividendenindex die durchschnittliche jährliche Dividendenrendite seither mehr als 2,4 %. Im DAX gab es dagegen keine 2 %.

Dividende – weniger Risiko und mehr Profit

Die Aktien im DivDAX werfen für Anleger aber nicht nur höhere Gewinne ab als der breite Markt, sie bieten obendrein mehr Sicherheit: Die dividendenstarke Aktien bieten mehr Schutz vor Kursverlusten. Das erkennen Sie nicht nur in der Tabelle, sondern auch an der Volatilität.

Die Volatilität gibt die erwartete Schwankungsbreite einer Aktie oder eines Index an. Sie als Anleger sehen damit, welche Kursausschläge erwartet werden. Je höher die Volatilität, umso höher das Risiko. Die Volatilität der Mitglieder im DivDAX lag beispielweise im Juli 2005 zwischen 10,6 % bei Schering und 20,4 % bei RWE. Im DAX dagegen gab es deutlich höhere Ausschläge: Auch hier war zwar Schering mit einer Volatilität von 10,6 % der Wert mit den niedrigsten Ausschlägen. Aber an der Spitze lag Altana mit einer Volatilität von 52,9 %.

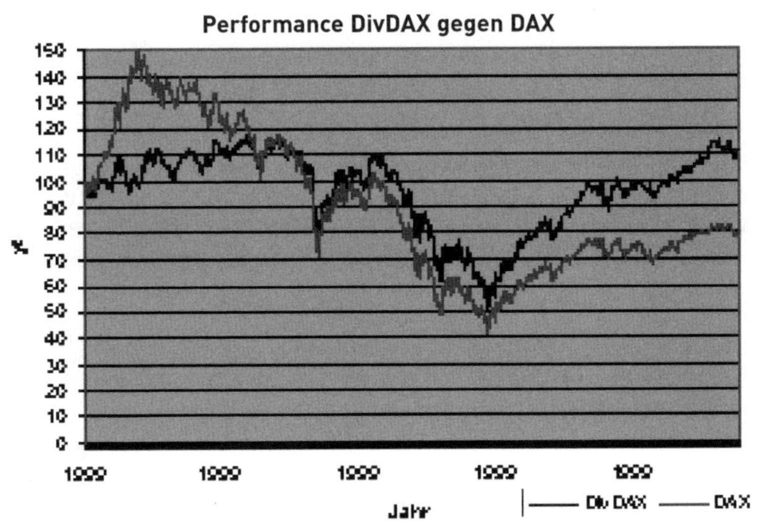

Quelle: Deutsche Börse (Ende 1999 bis April 2005)

Abbildung 2.1 In den letzten fünf Jahren legten die Aktien im DivDAX nicht nur stärker zu als die Mitglieder im DAX. Auch die Kursschwankungen und damit das Risiko waren bei den dividendenstarken Aktien niedriger.

Performance EuroStoxx 50 versus EuroStoxx Select Dividend

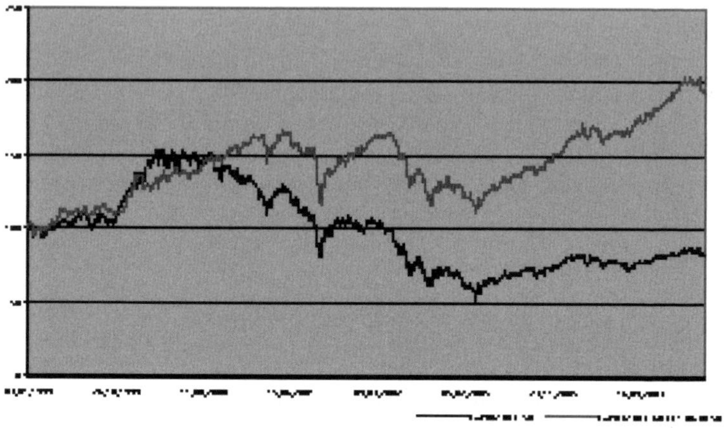

Quelle: Dow Jones Indexes/STOXX Ltd., Stand Juni 2005

Abbildung 2.2 Auch internationale Dividendenaktien entwickeln sich besser als der Vergleichsindex.

Im Chart sehen Sie den Kursverlauf von DivDAX und DAX. Auch hier werden die Unterschiede bei Volatilität und Risiko deutlich. Im Börsenboom im Jahr 2000 konnte der DAX um 50 % zulegen, während der DivDAX mit einem Plus von 10 % fast auf der Stelle trat. Doch danach verlor der DAX bis März 2003 75 % an Wert. Der DivDAX zeigte sich dagegen mit einem Minus von 50 % wesentlich stabiler.

Per saldo schneiden die 15 dividendenstärksten Aktien des DAX aber besser ab als der gesamte Index: Der DivDAX liegt seit Ende 1999 rund 10 % im Plus, der DAX verzeichnet dagegen immer noch ein Minus von etwa 20 %.

Was für Deutschland gilt, gilt auch in anderen Ländern. Auch internationale Dividendenindizes bringen eine bessere Performance als der breite Markt. Denn genauso wie der DivDAX laufen beispielsweise auch die dividendenstärksten Aktien im EuroStoxx 50 besser als der Index. So konnte sich der EuroStoxx Select Dividend seit Anfang 1999 fast verdoppeln. Der breite Markt mit den 50 größten Unternehmen im Euro-Raum liegt dagegen rund 20 % im Minus.

Volatilität – EuroStoxx versus Dividendenwerte

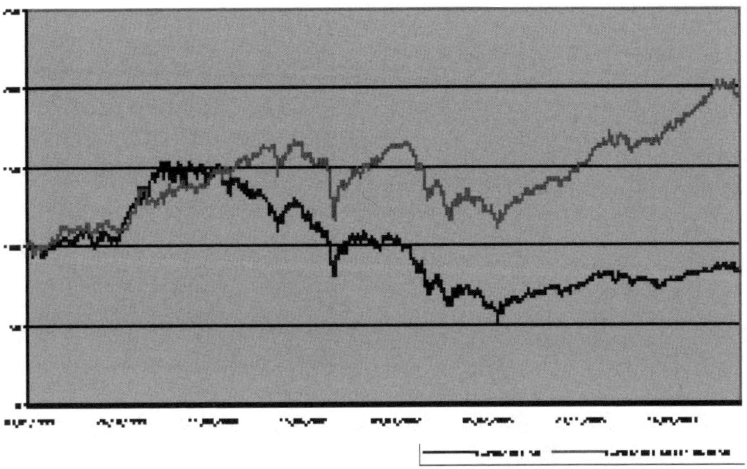

Quelle: Dow Jones Indexes/STOXX Ltd.

Abbildung 2.3 Das Risiko im EuroStoxx Select Dividend ist nur etwa halb so hoch wie im breiten Index.

Und auch internationale Aktien sind weniger riskant als der breite Markt. Wie Sie in der Grafik leicht erkennen, lag die Volatilität im EuroStoxx 50 meist fast doppelt so hoch wie im EuroStoxx Select Dividend.

simplified

Mein Tipp

Wenn Sie auf die dividendenstärksten Aktien im DAX oder in einem anderen internationalen Index setzen wollen, können Sie entweder sämtliche Mitglieder aus dem DivDAX oder einem anderen Dividendenindex kaufen oder aber ein entsprechendes Zertifikat auswählen. Einige interessante Fonds und Zertifikate finden Sie in Kapitel 6.

simplified

3 Dividenden – in medias res

Die Ausschüttungen steigen auf ein Rekordniveau

»Aktionäre sind dumm und unverschämt.
Dumm, weil sie mir ihr Geld überlassen, und unverschämt,
weil sie auch noch Dividenden dafür haben wollen.«
Carl Fürstenberg, Bankier

Dividenden werden wirklich wieder entdeckt. Nicht nur von den Indexbetreibern Deutsche Börse oder EuroStoxx mit ihren jeweiligen Indizes auf dividendenstarke Aktien. Auch die Firmen selbst schütten so großzügig aus wie lange nicht. Für das Jahr 2004 wurden die Aktionäre regelrecht verwöhnt: Nach Angaben der Deutschen Schutzvereinigung für Wertpapierbesitz DSW zahlten beispielsweise die 952 deutschen börsennotierten Aktiengesellschaften 20,3 Milliarden € in Form von Dividenden an ihre Aktionäre. Das sind 36 % mehr als 2003. Alleine die 30 Unternehmen aus dem DAX schütteten danach 15,1 Milliarden € aus.

Wie erkennen Sie aber als Anleger, ob eine Dividende hoch oder niedrig ist? Und vor allem: Wie attraktiv eine Aktie für Sie als Anleger ist?

Hier ist nicht allein der Ausschüttungsbetrag in absoluten Zahlen ausschlaggebend. So bekamen beispielsweise die Anleger für eine Aktie von Adidas Salomon für 2004 eine Dividende von 1,30 € ausgezahlt. Bei der Deutschen Telekom lag dagegen die Dividende mit 0,62 € nur etwa halb so hoch. Trotzdem war die Dividendenrendite bei der Telekom etwa viermal so hoch wie bei Adidas.

Dividendenrendite – der Kompass für Börsianer

Es ist also nicht die Höhe der Zahlung in € wichtig, sondern eine andere Kennziffer: die Dividendenrendite.

Sie lässt sich ganz einfach berechnen:

Dividende in € je Aktie/Aktienkurs x 100 % = Dividendenrendite in %

Ein Beispiel:

DaimlerChrysler zahlt für 2004 eine Dividende je Aktie in Höhe von 1,50 €. Bei einem Kurs von 33,75 € (Stand Juni 2005) ergibt sich folgende Dividendenrendite:

► 1,50 € Dividende je Aktie x 100 %/Aktienkurs von 33,75 € = 4,4 %.

Oder Klöckner Werke: Das Duisburger Unternehmen zahlt für 2004 eine Dividende je Aktie von 1,00 €. Bei einem Kurs von 12,94 € ergibt sich folgende Dividendenrendite:

► 1,00 € Dividende je Aktie x 100 %/Aktienkurs von 12,94 € = 7,7 %.

Sie sehen: Die Höhe der Dividende in € sagt noch nicht allzu viel über die Dividendenrendite aus. Hier ist nämlich auch immer der Aktienkurs wichtig.

Allgemein gilt: Steigt der Kurs der Aktie, dann sinkt bei gleich bleibender Ausschüttung die Dividendenrendite. Umgekehrt steigt die Dividendenrendite bei fallendem Aktienkurs (und gleich bleibender Ausschüttung).

Gewinnbeteiligung für Aktionäre

Über die Zahlung einer Dividende werden die Aktionäre eines Unternehmens am Jahresüberschuss oder Bilanzgewinn beteiligt. Es gibt verschiedene Formen:

- **Bardividende:**
Diese Form der Dividende ist in Deutschland am häufigsten. Sie wird normalerweise abhängig vom Gewinn des Unternehmens gezahlt: Die Ausschüttungsquote, also der Teil des Gewinns, der in Form einer Dividende an die Aktionäre fließt, sollte dabei meist konstant bleiben. Experten halten eine Ausschüttungsquote von 50 % für angemessen. Das ist aber Sache der Dividendenpolitik im Unternehmen. Die Bardividende wird dann abzüglich anfallender Steuern an die Aktionäre ausgeschüttet und auf deren Konten überwiesen. In Deutschland wird die Dividende normalerweise nur einmal im Jahr – meist am Tag nach der Hauptversammlung – ausgezahlt. In anderen Ländern gibt es die Zahlung auch zweimal pro Jahr, in den USA sind Quartalsdividenden weit verbreitet.

Für Sie ist wichtig: Um Dividenden zu kassieren, müssen Sie als Anleger die Aktie normalerweise am Tag der Hauptversammlung zu Börsenschluss im Depot haben. Nur so bekommen Sie die Ausschüttung. Am nächsten Tag notiert die Aktie dann nämlich »ex-Dividende«, also ohne Dividendenanspruch. Entsprechend notiert die Aktie am Ex-Tag zur Eröffnung meist um die Dividende niedriger.

Mehr zum Thema Steuern lesen Sie in Kapitel 9. Mit welchen Strategien Sie von Dividendenzahlungen profitieren können, erfahren Sie in Kapitel 5.

- **Dividendenbonus und Sonderdividenden:**
Hier bekommen die Aktionäre einen Bonus, beispielsweise wenn ein Unternehmen über hohe liquide Mittel, also Cash, verfügt. Ein Bonus wird allerdings nur selten gezahlt. Denn gewöhnen sich die Anleger an hohe Bonuszahlungen, zählen sie diese zur normalen Dividende hinzu und erwarten sie entsprechend Jahr für Jahr. Ist dann aber die überschüssige Liquidität irgendwann einmal verbraucht und fällt der Bonus flach, dann empfinden dass die Anleger als echte Dividendenkürzung: Sie steigen aus, verkaufen die Aktien, der Kurs fällt. Wie Sonderdividenden auf den Aktienkurs wirken, lesen Sie in Kapitel 5.

- **Stockdividende:**
Gratisaktien/Berichtigungsaktien: Offene Rücklagen werden in Grundkapital umgewandelt. Die Aktionäre erhalten dann in einem bestimmten Bezugsverhältnis für jede alte Aktie Berichtigungsaktien. Das hat einen

großen Vorteil: Durch die Gratisaktien wird der Preis der Aktie optisch niedriger, normalerweise steigen dadurch Handelsumsatz und Kurs.

- **Aktienrückkauf:**

Immer mehr Firmen beteiligen ihre Aktionäre nicht über die Zahlung einer Dividende am Gewinn, sondern über Aktienrückkäufe. Das bringt zwar keine Überweisung aufs Konto, dafür aber normalerweise schöne Kursgewinne. Mehr dazu in Kapitel 5.

- **Eine seltene Sonderform bei ausländischen Dividendenwerten – der Discount-Dividend-Reinvestment-Plan:**

Aktionäre verzichten dabei auf eine Ausschüttung, bekommen dafür aber neue Aktien zu einem etwas günstigeren Kurs, also mit Discount.

Egal in welcher Form: Auf die Beteiligung am Jahresüberschuss und Bilanzgewinn haben die Anleger nach dem Aktiengesetz (§ 58 AktG) grundsätzlich Anspruch. Für die Höhe der Dividende ist normalerweise der Jahresüberschuss, also der Nettogewinn, entscheidend. Allerdings hat das Management über Bilanzierungswahlrechte und Ermessensspielräume Einfluss auf die Höhe des Gewinns und somit auch auf die mögliche Dividendenzahlung. Zusätzlich kann der Vorstand, je nach Unternehmensstrategie, den Gewinn auch in Gewinnrücklagen eingestellt oder als Gewinn vortragen. Die Aktionäre gehen dann unter Umständen leer aus.

Auch bei Verlusten fällt die Dividende oft flach. Allerdings kann der Vorstand hier gegebenenfalls freie Rücklagen bzw. andere Gewinnrücklagen auflösen, um den Anlegern doch noch eine Ausschüttung zu bieten.

Grundsätzlich wird die Zahlung einer Dividende von Vorstand und Aufsichtsrat vorgeschlagen und von der Hauptversammlung mit einfacher Mehrheit beschlossen. Der Vorschlag des Vorstandes zur Zahlung einer Dividende wird in aller Regel von den Aktionären auch so akzeptiert und abgesegnet.

Deutsche Börse – Rebellion der Aktionäre

Doch manchmal kommt es anders. Beispiel Deutsche Börse. Der ehemalige Chef des Börsenbetreibers und Indexanbieters Werner Seifert hatte Anfang 2005 jede Menge Ärger mit seinen Großaktionären. Einige Fondsgesellschaften wie Union Invest und der britische Hedgefonds TCI forderten den Banker auf, die prall gefüllte Kriegskasse des Unternehmens an die Aktionäre auszuschütten. Immerhin schlummerten auf den Konten des Frankfurter Indexbetreibers rund 830 Millionen €. Firmenchef Seifert hatte das Geld eigentlich für einen anderen Zweck gebunkert. Er wollte nämlich expandieren und damit Konkurrenten, beispielsweise die Londoner Börse, die London Stock Exchange (LSE), übernehmen. Nachdem der Deal jedoch geplatzt war, pochten die Großaktionäre auf ihr Recht und forderten Sonderzahlungen.

Was passierte? Seifert gab dem Drängen der Aktionäre nach. Der Frankfurter Finanzkonzern versprach tatsächlich die Ausschüttung von etwa 1,5 Milliarden € in Form von Sonderdividenden und Aktienrückkäufen (siehe Kapitel 5). Schön für die Anleger, schlecht für Seifert. Denn der Firmenchef nahm nach dem verlorenen Machtkampf seinen Hut.

Auf jeden Fall hatte der Poker um eine höhere Dividende noch andere Folgen, wie Sie im Chart sehen: Kaum kochte der Ärger mit den Großaktionären um eine mögliche Sonderzahlung hoch, stieg der Kurs der Aktie. Die legte in drei Monaten zwischen März und Mai 2005 um rund 30 % zu. Ein Plus von 10 % gab es bereits innerhalb der ersten vier Wochen nach Ankündigung des Aktienrückkaufs im April 2005.

Das zeigt: Hohe Ausschüttungen sind normalerweise gut für die Aktienkurse.

Abbildung 3.1 Nachdem sich die Ausschüttung einer Sonderdividende und Aktienrückkäufe bei der Deutschen Börse etwa ab Frühjahr 2005 immer mehr abzeichneten, legte die Aktie stark zu.

Warum waren aber vor allem die Großaktionäre und Fondsgesellschaften so erpicht auf hohe Zahlungen? Das hat zwei Gründe: Pensionsfonds beispielsweise investieren in dividendenstarke Aktien, um die Zahlung der laufenden Pensionsverpflichtungen zu bewältigen. Sie sind auf hohe Ausschüttungen angewiesen. Bei Hedgefonds dagegen zählt üblicherweise nur eins: hohe Kursgewinne. Und die gab es eben bei der Deutschen Börse alleine wegen der Gerüchte um Sonderdividenden.

Sie können auch daran verdienen. Wie das genau funktioniert, lesen Sie in Kapitel 5.

Dividendenpolitik – ein kleiner Leitfaden für Anleger

Wichtig für Sie:
Hat ein Unternehmen in der Vergangenheit Dividende gezahlt, ist das noch lange keine Garantie für Ausschüttungen in der Zukunft. Wenn Sie sich dividendenstarke Aktien ins Depot legen, müssen Sie einige Punkte klären:

1) Wie sieht die Dividendenhistorie im Unternehmen aus? Wie hoch war die Dividende im Vorjahr? Am besten ist, wenn die Dividende Jahr für Jahr über einen längeren Zeitraum gestiegen ist. Bei zuverlässigen Dividendenaktien sollte es in der Vergangenheit keine Dividendenausfälle gegeben haben. Schlecht ist, wenn die Dividende aus der Substanz gezahlt wird, wenn also die Gewinne regelmäßig niedriger sind als die Ausschüttung.

2) Wie sieht die Gewinnentwicklung aus? Hier ist wichtig, dass ein Unternehmen in der Vergangenheit, am besten über viele Jahre, zeigen konnte, dass es konstant hohe oder gar steigende Gewinne schreiben kann, um somit eine gleich bleibende oder steigende Dividende zu zahlen. Dividendenerhöhungen sind umso wahrscheinlicher, je häufiger es in der Vergangenheit Gewinnsteigerungen gab.

Ein erfahrenes Management macht Dividendenzahlungen auch von den künftigen Ertragsaussichten abhängig. Gibt es eine Erhöhung der Ausschüttung, wird das als Signal für eine günstige Geschäftsentwicklung gedeutet. Was dabei mit der Aktie passiert, sehen Sie in Kapitel 5.

3) Wie hoch ist die Ausschüttungsquote (Dividende je Aktie/Gewinn je Aktie)? Liegt die Ausschüttungsquote beispielsweise bei 100%, dann wird der gesamte Jahresüberschuss an die Aktionäre ausgezahlt. Das Unternehmen hat dann aber keinen Spielraum mehr, die Dividende über eine höhere Ausschüttungsquote gleich zu halten, falls der Gewinn im Unternehmen einmal fällt. Wenn es keine entsprechenden Rücklagen gibt, muss auch die Dividende gekürzt werden. Wie Sie in Kapitel 4 sehen werden, hat das meist schlimme Folgen.

Signalfunktion der Dividende

Dividendenerhöhungen sind gut für den Aktienkurs. Wie Sie später noch an einem konkreten Beispiel sehen werden, bringen unerwartete Erhöhungen der Ausschüttung meist stark steigende Kurse.

Auch die Kürzung der Dividende hat Signalfunktion. Allerdings eine negative. Fällt die Dividende aus oder wird sie stark gekürzt, gibt es oft einen völligen Wechsel in der Aktionärsstruktur. Denn viele Anleger, die Wert auf eine zuverlässig planbare und gleich bleibend hohe Dividendenrendite setzen, verkaufen jetzt. Der Kurs fällt.

Grundsätzlich gilt damit: Ist die Dividende höher als vom Markt erwartet, so revidieren die Anleger ihre Gewinnerwartung nach oben; fällt die Ausschüttung niedriger aus, dann passen die Investoren ihre Gewinnschätzung nach unten an. Entsprechend steigt oder fällt damit der Kurs der Aktie.

Um Ausrutscher bei der Dividende zu vermeiden und einigermaßen sicher eine kontinuierliche Dividendenpolitik prognostizieren zu können, sollten Sie folgende Daten prüfen:

- **Eigenkapitalquote:**
Ist die Eigenkapitalquote in einem Unternehmen hoch (30 % und mehr von der Bilanzsumme), dann kann ein Unternehmen auch in schlechten Jahren möglicherweise aus freien Gewinnrücklagen noch Dividende zahlen.

- **Cashflow:**
Damit erkennen Sie in etwa die Finanzkraft eines Unternehmens – wie hoch ist der Überschuss der Betriebseinnahmen über die Betriebsausgaben? Wie viel Geld steht also zum Beispiel zur Ausschüttung einer Dividende aus dem operativen Geschäft zur Verfügung?

Wenn Sie sich einige Firmen ansehen, erkennen Sie sofort: Üblicherweise zahlen Firmen mit einem niedrigen Kurs-Cashflow-Verhältnis (KCV) eine höhere Dividende als Unternehmen mit einem hohen KCV oder gar einem negativen Cashflow. ThyssenKrupp hat beispielsweise ein KCV von 3,2 und eine Dividendenrendite von 4,4 %, DaimlerChrysler ein KCV von 3,8 und eine Dividendenrendite von 3,6 %. Anders sieht es bei Techwerten aus. Infineon hat ein KCV von 26, die Dividende liegt bei 0 €. SAP hat ein KCV von 24, die Rendite beträgt bescheidene 0,8 %.

▸ **Liquidität:**
Firmen mit einem hohen Bestand an liquiden Mitteln, also Cash und Wertpapiere des Umlaufvermögens, können möglicherweise auch in einem schwachen Geschäftsjahr ein konstant hohe Dividende zahlen.

Mehr zum Thema Bewertung und Kennziffern lesen Sie in Kapitel 7.

So verschaffen Sie sich einen Überblick

Sie müssen nicht bei jeder Aktie die Dividendenrendite selber ausrechnen oder sich die interessanten Dividendenaktien mühsam zusammensuchen. Die Höhe der Dividendenzahlung und die Dividendenrendite in Prozent finden Sie in Anlegerzeitschriften wie *Börse Online* oder *Euro am Sonntag*. Die Ausschüttung in € finden Sie auch in verschiedenen Tageszeitungen mit Wirtschaftsteil. Besonders detailliert sind die Informationen in der *Börsenzeitung*.

Auch im Internet gibt es Angaben zu Dividendenrendite und Ausschüttungshöhe (zum Beispiel www.onvista.de, www.comdirect.de). Allerdings: Hier fehlt der Gesamtüberblick. In Zeitungen dagegen sind die einzelnen Indizes oder Segmente normalerweise übersichtlich mit sämtlichen Mitgliedern aufgelistet. Sie können ganz leicht die interessantesten Aktien herauspicken.

Vorsicht:

Bei der angegebenen Dividende müssen Sie aber aufpassen. Denn hier gibt es drei Möglichkeiten:

1) Es handelt sich um eine Schätzung: Bei größeren Unternehmen, zum Beispiel aus dem DAX oder MDAX, aus dem Dow Jones oder EuroStoxx 50, handelt es sich dabei meist um Konsensschätzungen von Analysten, also dem Mittelwert ihrer Erwartungen. Bei kleinen Firmen finden Sie dagegen oft überhaupt keine Angaben.

Schätzungen in den Zeitungen stammen entweder von der jeweiligen Kursredaktion oder von kleinen Analystenhäusern. Das bedeutet: Vor allem bei kleinen Firmen können die Dividendenschätzungen teilweise stark von der tatsächlich gezahlten Ausschüttung abweichen. Es kommt sogar immer wieder vor, dass eine Nullrunde erwartet wird, in Wirklichkeit aber 5 % Dividende oder mehr an die Anleger fließen. Was denken Sie, passiert dann mit dem Aktienkurs, wenn die tatsächliche Dividende angekündigt wird?

Beispiel Hyrican.
Der Computerhersteller aus Kindelbrück in Thüringen hatte 2004 kein gutes Jahr und litt unter Umsatz- und Gewinnrückgängen. Viele Marktteilnehmer erwarteten nur eine Dividende von 0,20 €. Doch Vorstandschef Michael Lehmann überraschte den Markt und zahlte den Aktionären 0,70 € pro Aktie. Kaum meldete Lehmann die hohe Ausschüttung, explodierte der Kurs innerhalb weniger Wochen um 70 %.

Wie Sie an solchen Überraschungen verdienen können, erfahren Sie in Kapitel 5.

2) Es handelt sich um die angekündigte Dividende, die noch ausgeschüttet wird: Hier hat der Vorstand bereits frühzeitig gemeldet, wie hoch die Ausschüttung für das abgelaufene Geschäftsjahr sein wird. Beispiel MPC. Der Finanzdienstleister aus Hamburg ist für hohe Ausschüttungen bekannt. Vorstandschef Axel Schroeder hat beispielsweise zu Beginn des Geschäftsjahres 2005 eine Dividende in Höhe von mindestens 3 € in Aussicht gestellt. Damit konnten Anleger eine Dividendenrendite von mindestens 5,5 % schon frühzeitig fest einkalkulieren.

3) Es handelt sich um die Dividende des Vorjahres, weil es weder Schätzung noch Ankündigung gibt. Hier müssen Sie selbst Ihre Hausaufgaben machen (siehe Kapitel 7). Vor allem bei kleinen Small Caps heißt das: Sie müssen hier oft die jeweilige Internetseite des Unternehmens und dort die Quartals- oder Geschäftsberichte und Ad-hoc-Meldungen durchlesen, um sich ein Bild vom Geschäftsverlauf und der möglichen Dividende zu machen.

simplified

4 Setzen Sie nicht alles auf eine Karte!

»Gewinnen kann man, verlieren kann man,
aber zurückgewinnen – unmöglich.«
André Kostolany

Wie schon erwähnt, haben Dividenden zwei wirklich sehr überzeugende Pluspunkte:

- Das Risiko ist geringer als im breiten Aktienmarkt.
- Die Rendite ist deutlich höher.

Es gibt zahlreiche Dividendenstrategien, die funktionieren. Da sind die »Dogs of the Dow« und »Low 5« oder die »Low 2« oder »Dow 1«. Natürlich können Sie als Anleger die Strategien 1:1 auch im DAX umsetzen. Bei der »Low 2«- oder »Dow 1«-Strategie kaufen Sie beispielsweise nur zwei oder sogar nur eine Aktie mit hoher Dividendenrendite. Statistisch gesehen hätten Sie damit sogar noch mehr verdient als mit den »Dogs of the Dow« oder den »Low 5«. Aber Vorsicht: Strategien, bei denen Sie nur auf eine oder zwei Aktien setzen, sind sehr riskant: Was machen Sie, wenn ausgerechnet diese beiden Aktien floppen?

Stellen Sie sich einmal vor, Sie setzen wirklich nur auf eine Aktie. Selbst mit der größten Sorgfalt können Sie hier unter Umständen dick verlieren. Muss nicht sein, kann aber.

Ein Beispiel:

Zapf Creation. Der Hersteller von Puppen aus Rödental in der Nähe von Coburg ist vielen Anlegern als zuverlässiger Dividendenzahler und obendrein als fundamental gesundes Unternehmen im Gedächtnis: Hohe Eigenkapitalquote und über Jahre hinweg ein stabiles Ergebnis. 2002 und 2003 lag die Dividendenrendite im Bereich zwischen 3 und 4 %. Und dann? Noch im Dezember 2004 stellte Vorstandschef Thomas Eichhorn den Aktionären wie gewohnt 1,0 € Dividende in Aussicht. Bei einem Aktienkurs von 15 € etwa 6,5 % Dividendenrendite. Dann, zwei Monate später, im Februar 2005, ruderte das Management zurück und kündigte die Senkung der Ausschüttung an. Nochmal einen Monat später kam dann endgültig der Hammer: Die Dividende für 2004 wurde komplett gestrichen. Die Aktie fiel in den Keller: Die Notierung brach in wenigen Tagen um 30 % ein.

Stellen Sie sich vor, Sie hätten Ihr gesamtes Vermögen auf diesen einen einzigen Wert gesetzt! 30 % weg in weniger als einer Woche!

Gut, vielleicht kann die Aktie irgendwann einmal wieder steigen. Aber vielleicht brauchen Sie genau jetzt Geld und müssen mit 30 % Verlust verkaufen!

Wenn Sie nur eine Aktie halten und ausgerechnet die entwickelt sich zu einem Flop, dann ist es extrem schwer, diesen Verlust wieder wettzumachen. Sehen Sie sich einmal die folgende Tabelle an:

Wie stark Aktien nach einem Kursrückgang wieder steigen müssen

Anlagebetrag	Minus in %	So viel bleibt nach dem Kursrückgang	Erforderlicher Kursgewinn
1.000€	-10%	900€	11,1 %
1.000€	-20%	800€	25,0 %
1.000€	-25%	750€	33,0 %
1.000€	-30%	700€	42,9 %
1.000€	-40%	600€	66,7 %
1.000€	-50%	500€	100,0 %
1.000€	-75%	250€	300,0 %
1.000€	-80%	200€	400,0 %
1.000€	-90%	100€	900,0 %
1.000€	-95%	50€	1900,0 %

Bei 50 % Verlust brauchen Sie bei der nächsten Aktion schon einen Verdoppler, um auf Null zu kommen.

Sie sehen: Wenn Sie mit einer Aktie 25 % verlieren, dann muss der Kurs schon wieder um 33 % steigen, damit Sie Ihr Anfangskapital wieder haben. Halbiert sich der Wert der Aktie (–50 %), dann muss sich der Kurs auf dem neuen niedrigen Niveau schon verdoppeln, damit Sie am Ende keinen Verlust machen. Geht es gar um 95 % nach unten, dann muss die Aktie jetzt sogar um das 20fache steigen, damit Sie null auf null herauskommen.

95 % Verlust? Das ist keine Seltenheit. Denken Sie an EM. TV. Die Aktie des Münchner Medienunternehmens notierte im Hoch im Jahr 2000 bei über 100 €. Schon ein Jahr später gab es für das Papier nicht einmal mehr 2 €. Hier hätte der Kurs dann sogar um das 50fache steigen müssen, um sein Hoch zu erreichen.

simplified

5 Dividendenstrategien

Strategie 1: Dogs of the Dow

Für Sie als Anleger gibt es einige, teilweise seit Jahrzehnten bewährte Dividendenstrategien. Es gibt einfachere Strategien, es gibt etwas riskantere, es gibt welche für den kurzfristigen Trader, der nur wenige Wochen oder höchstens Monate investieren will, und es gibt mittelfristige für ein paar Jahre und sogar langfristige Strategien mit einem Anlagehorizont von Jahrzehnten.

Die bekanntesten Dividendenstrategien gehen auf das bekannte Finanzmarkt-Genie Benjamin Graham zurück. Der US-Amerikaner ist vor allem für die Entwicklung des Value-Investing bekannt (siehe Kapitel 7). Graham hat in den 30er-Jahren des 20. Jahrhunderts die Grundlagen für die »Dogs of the Dow« entwickelt.

Nach dieser Strategie werden einmal jährlich, zum Beispiel jeweils am 1. Januar, die zehn Aktien aus dem Dow Jones mit der höchsten Dividendenrendite in Prozent gekauft und ein Jahr lang gehalten. Der Kaufzeitpunkt selbst ist dabei gar nicht so entscheidend. Sie können auch in einem anderen Monat einsteigen. Wichtig ist nur, dass Sie die Aktien dann ein Jahr lang im Depot lassen.

Nach zwölf Monaten werden diese Werte gegen die zehn dann aktuellen dividendenstärksten Aktien ausgetauscht. Natürlich können hier auch wieder einige der Aktien aus dem Vorjahr mit dabei sein. Eben je nachdem, wie sich die Kurse und die Dividenden der einzelnen Aktien entwickelt haben.

Dieses Spiel können Sie dann von Jahr zu Jahr wiederholen. Sehen Sie sich jetzt einmal die Performance dieser »Dogs of the Dow« über einen längeren Zeitraum an:

In 50 Jahren, zwischen 1946 und 1995, lag die Performance im Durchschnitt pro Jahr 2,6 % über der des Dow Jones.

So gehen Sie bei der »Dogs of the Dow«-Strategie vor:

1) Suchen Sie die zehn Aktien aus einem Index, beispielsweise dem DAX, mit der höchsten Dividendenrendite. Diese finden Sie beispielsweise in Anlegerzeitschriften wie *Börse Online* oder *Euro am Sonntag* im Kursteil.

2) Kaufen Sie diese zehn Titel und investieren Sie in jede Aktie den gleichen Betrag. Sie sollten die zehn Aktien auch zum selben Zeitpunkt kaufen. Das Timing selbst spielt dann aber keine Rolle.

3) Halten Sie die Aktien dann zwölf Monate im Depot.

Strategie 2: Low Five Dow

Das ist eine etwas abgewandelte Version der klassischen »Dogs of the Dow«-Strategie. Sie stammt von dem US-Analysten Michael O'Higgins und wurde Ende der 80er-Jahre entwickelt. Der US-Amerikaner zeigte dabei, dass die Performance noch besser wird, wenn Sie als Anleger nicht nur Aktien mit der höchsten Dividendenrendite wählen, sondern diejenigen davon nehmen, die den niedrigsten Aktienkurs haben.

Vorgehen: Nach der »Low Five«-Strategie wählen Sie die fünf Aktien aus den zehn Dogs of the Dow, die am Tag des Kaufs den niedrigsten Kurs haben.

Und so haben sich die Dogs of the Dow, die Low Five, der Dow Jones Index und der S&P 500 seit 1972 entwickelt:

Dividendenstrategien schlagen US-Aktienindizes				
	Low Five	Dogs of Dow	Dow Jones	S&P 500
1972	16,9%	17,9%	14,6%	14,7%
1973	14,2%	-1,5%	-16,6%	-17,4%
1974	-12,5%	-9,4%	-27,5%	-29,7%
1975	60,8%	48,1%	38,3%	31,5%
1976	33,4%	27,8%	17,9%	19,1%
1977	-0,4%	-4,8%	-17,3%	-11,5%
1978	-5,9%	-7,7%	8,9%	1,1%
1979	1,8%	4,6%	-7,3%	12,3%
1980	31,9%	18,7%	14,9%	25,8%
1981	-7,5%	-4,1%	-9,2%	-9,7%
1982	29,4%	15,3%	19,6%	14,8%
1983	27,3%	30,6%	20,3%	17,3%
1984	4,0%	-0,1%	-3,7%	1,4%
1985	30,2%	22,5%	27,7%	26,3%
1986	24,1%	28,2%	22,6%	14,6%
1987	6,2%	0,9%	2,3%	2,0%
1988	16,1%	18,8%	11,8%	12,4%
1989	5,5%	21,0%	27,0%	27,3%
1990	-20,6%	-12,6%	-4,3%	-6,6%
1991	56,4%	30,0%	20,3%	26,3%
1992	18,5%	3,1%	4,2%	4,5%
1993	29,8%	22,7%	13,7%	7,1%
1994	5,0%	0,1%	2,1%	-1,5%
1995	27,3%	32,5%	33,5%	34,1%
1996	23,0%	24,5%	26,0%	20,3%
1997	17,1%	18,4%	22,6%	31,0%
1998	9,4%	7,8%	16,1%	26,7%
1999	-7,5%	0,7%	25,2%	19,5%
2000	7,1%	2,7%	-6,2%	-10,1%
2001	-5,9%	-9,2%	-7,1%	-13,0%
2002	-14,0%	-12,2%	-16,8%	-23,4%
2003	18,7%	23,6%	25,3%	26,4%
2004	8,4%	0,5%	3,1%	9,0%
Durchschnitt	**12,1%**	**9,8%**	**7,9%**	**7,8%**

Nur Kursänderungen; Dividenden nicht berücksichtigt.

Beide Dividendenstrategien brachten seit 1972 deutlich mehr Gewinn als der breite Aktienmarkt.

Wie Sie aus der Tabelle ganz klar sehen können: Selbst ohne Dividendenzahlungen, also nur unter Berücksichtigung der reinen Kursgewinne, entwickeln sich Aktien, die nach einer der beiden Dividendenstrategien ausgewählt wurden, deutlich besser als die breiten Indizes. Das Kursplus nach der Low-Five-Strategie lag im Zeitraum zwischen 1972 und 2004 bei durchschnittlich 12,1 % pro Jahr. Die Strategie der Dogs of the Dow brachte einen jährlichen Kursgewinn von 9,8 %. Die breiten US-Aktienindizes Dow Jones bzw. S&P 500 schnitten mit einem durchschnittlichen Kursgewinn von 7,9 bzw. 7,8 % deutlich schlechter ab.

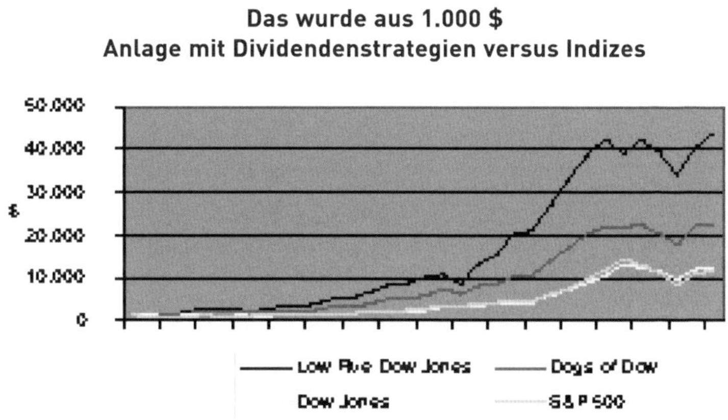

Abbildung 5.1 Der Zinseszinseffekt macht sich erst langfristig voll bemerkbar.

Im Chart erkennen Sie die Vorteile der Dividendenstrategien noch deutlicher. Was ein paar Prozent mehr Rendite im Jahr ausmachen, zeigt sich über den Zinseszinseffekt meist erst nach einem längeren Zeitraum von 15 Jahren und mehr. Bereits gegen Ende der 80er-Jahre konnten die Dogs of the Dow und die Low Five den Dow Jones und den S&P 500 deutlich abhängen.

Altria – Zinseszinseffekt konkret

Nehmen wir jetzt einmal ein ganz konkretes Beispiel dafür, wie sich Dividendenzahlungen über einen längeren Zeitraum auswirken, nämlich die Aktie des früheren Tabakkonzerns Philip Morris. Der US-Konzern hat sich in den Jahren mehr und mehr über die Aktivitäten von Kraft Food zum Nahrungsmittelhersteller gewandelt und heißt seit 2001 Altria. Wie dem auch sei: Die Aktie war schon vor 25 Jahren im Prinzip die gleiche.

Abbildung 5.2 Wie sich die Wiederanlage von Dividenden auszahlt, sehen Sie deutlich am Beispiel der Altria-Aktie.

Die Grafik zeigt: Bei einem Startkurs Ende 1980 von 1,80 $ hätten Sie bis Juni 2005 insgesamt rund 27 $ an Dividenden kassiert. Das ist, bezogen auf den Einstandskurs, ein Gewinn von etwa 1.400 %. Die Aktie lief aber zusätzlich noch nach oben: Der Kurs notiert aktuell bei 67 $. Das sind noch einmal plus 3.600 %. Dividenden und Kursgewinne ergeben zusammen einen Gewinn von 5.100 %. Stellen Sie sich das einmal vor: Aus einem Startkapital von bescheidenen 1.000 $ Ende 1980 wurden so über 52.000 $! Altria ist dabei wirklich ein idealer Dividendenwert: Das Dividendenwachstum lag beispielsweise in den letzten zehn Jahren im Durchschnitt bei über 10 % im Jahr. Die Dividendenrendite lag eigentlich meistens im Bereich von 3 oder 4 %. Das Beispiel zeigt: Langfristig können Sie mit Dividendenaktien ein Vermögen aufbauen. Dividendenstrategien eignen sich deshalb sehr gut für Ihre Altersvorsorge.

Sie können es aber noch anders machen: Im Beispiel oben bei Altria haben Sie die Dividenden einfach kassiert und ausgegeben. Aber wissen Sie, welche Wirkung der Zinseszinseffekt hat? Können Sie sich vorstellen, was passiert wäre, wenn Sie die gezahlten Dividenden im Zeitraum zwischen 1981 und 2005 regelmäßig wieder in Altria-Aktien investiert hätten? Diesen Fall sehen Sie auch im Chart. Hätten Sie Ende 1980 100 Aktien zum Kurs von 1,80 $ für insgesamt 180 $ gekauft, dann hätten Sie jetzt bei Wiederanlage der Dividenden in neue Altria-Aktien rund 257 Aktien mit einem aktuellen Kurswert von 17.200 $. So viel zum Thema Zinseszinseffekt!

Für Zahlenfreunde die Daten im Überblick:

So viel Gewinn brachte Altria in 25 Jahren									
	gezahlte Dividende je Aktie	Wert nur Dividende	Gewinn gesamt	Altria-Aktien-kurs	Gewinn gesamt	Kurs-gewinn + Div.	Gewinn gesamt	Wert Wieder-anlage der Div.	Gewinn gesamt
1980		$1,80		$1,80		$1,80		$1,80	
	$0,08	$1,88	4,6%	$2,00	11,1%	$2,08	15,7%	$2,08	15,7%
	$0,10	$1,98	10,2%	$2,50	38,9%	$2,68	49,1%	$2,70	50,2%
	$0,12	$2,10	16,9%	$2,99	66,1%	$3,29	83,0%	$3,36	86,9%
	$0,14	$2,25	24,8%	$3,36	86,7%	$3,81	111,4%	$3,94	118,9%
1985	$0,08	$2,33	29,4%	$3,68	104,4%	$4,21	133,8%	$4,41	145,2%

	$0,14	$2,47	37,4%	$5,99	232,8%	$6,66	270,1%	$7,36	308,7%
	$0,25	$2,72	51,3%	$7,11	295,0%	$8,03	346,3%	$9,04	402,1%
	$0,23	$2,95	63,8%	$8,49	371,7%	$9,64	435,4%	$11,08	515,5%
	$0,38	$3,32	84,6%	$13,88	671,1%	$15,40	755,7%	$18,60	933,4%
1990	$0,46	$3,78	110,1%	$17,25	858,3%	$19,23	968,4%	$23,73	1218,5%
	$0,57	$4,35	141,9%	$26,75	1386,1%	$29,30	1528,0%	$37,59	1988,4%
	$0,70	$5,05	180,8%	$25,71	1328,3%	$28,96	1509,1%	$37,11	1961,8%
	$1,30	$6,35	253,0%	$18,54	930,0%	$23,09	1183,0%	$28,64	1491,0%
	$0,46	$6,81	278,5%	$19,17	965,0%	$24,18	1243,5%	$30,32	1584,6%
1995	$1,10	$7,91	339,7%	$30,08	1571,1%	$36,19	1910,8%	$49,32	2640,0%
	$1,33	$9,25	413,7%	$37,67	1992,8%	$45,12	2406,5%	$63,95	3452,8%
	$1,60	$10,85	502,6%	$45,25	2413,9%	$54,30	2916,5%	$79,53	4318,6%
	$1,60	$12,45	591,5%	$53,50	2872,2%	$64,15	3463,7%	$96,85	5280,4%
	$1,76	$14,21	689,3%	$23,00	1177,8%	$35,41	1867,1%	$44,82	2390,1%
2000	$1,92	$16,13	795,9%	$44,00	2344,4%	$58,33	3140,4%	$89,49	4871,5%
	$2,12	$18,25	913,7%	$45,85	2447,2%	$62,30	3360,9%	$97,56	5320,1%
	$2,32	$20,57	1042,6%	$40,53	2151,7%	$59,30	3194,3%	$91,18	4965,4%
	$2,56	$23,13	1184,8%	$54,42	2923,3%	$75,75	4108,2%	$128,18	7021,3%
	$2,72	$25,85	1335,9%	$61,10	3294,4%	$85,15	4630,4%	$150,33	8251,4%
2005	$2,92	$28,77	1498,2%	$67,00	3622,2%	$93,97	5120,4%	$172,03	9457,0%
Ergebnis je Aktie gesamt	$26,97	$28,77	1498,2%	$67,00	3622,2%	$93,97	5120,4%	$172,03	9457,0%

Aus 1 $ im Jahr 1980 wurden bei Wiederanlage der Dividenden in 25 Jahren 95,57 $.

Aber nicht vergessen: nicht nur auf eine Aktie setzen. Altria beispielsweise war immer wieder auch in den Dogs of the Dow.

Strategie 3: Low Five DAX

Das Schöne an den Dividendenstrategien ist ja, dass Sie nicht nur in den USA funktionieren, sondern auch in anderen Ländern, beispielsweise in Deutschland. Wie sich die Aktienauswahl nach der Strategie der Low Five DAX konkret in Heller und Pfennig auswirkt, sehen Sie in folgender Tabelle:

So viel Gewinn brachten DAX und DAX Low Five seit 1960					
Jahr	Rendite pro Jahr		Differenz	Das wurde aus 1000	
	Low Five DAX	DAX		Anlage in Low Five	Anlage im DAX
1960	-10,2%	-10,1%	-0,1%	897,66 €	898,62 €
1961	-15,6%	-21,7%	6,1%	757,44 €	703,23 €
1962	1,2%	3,5%	-2,3%	766,45 €	727,74 €
1963	33,7%	19,6%	14,1%	1.024,93 €	870,71 €
1964	-7,3%	-6,8%	-0,5%	950,28 €	811,56 €
1965	-16,2%	-15,4%	-0,8%	796,02 €	686,31 €
1966	8,5%	7,5%	0,9%	863,40 €	737,91 €
1967	39,7%	40,0%	-0,3%	1.206,34 €	1.033,29 €
1968	0,1%	6,7%	-6,6%	1.207,45 €	1.102,84 €
1969	-5,5%	-14,0%	8,5%	1.140,86 €	948,06 €
1970	5,8%	-2,8%	8,7%	1.207,33 €	921,18 €
1971	9,4%	11,3%	-1,9%	1.320,49 €	1.025,43 €
1972	-5,1%	-10,4%	5,3%	1.253,30 €	918,65 €
1973	-3,6%	-16,3%	12,7%	1.208,53 €	769,09 €
1974	20,4%	24,6%	-4,2%	1.454,67 €	958,31 €
1975	29,3%	8,6%	20,8%	1.881,48 €	1.040,50 €
1976	8,1%	-0,8%	8,9%	2.033,82 €	1.032,11 €
1977	5,4%	6,2%	-0,8%	2.142,84 €	1.095,94 €
1978	2,0%	-5,1%	7,1%	2.186,46 €	1.040,09 €
1979	-6,0%	-5,7%	-0,3%	2.054,45 €	980,46 €
1980	5,4%	0,3%	5,1%	2.165,70 €	983,59 €
1981	5,3%	1,8%	3,4%	2.279,45 €	1.001,48 €
1982	28,6%	33,5%	-4,9%	2.931,79 €	1.337,41 €
1983	15,8%	14,2%	1,6%	3.396,23 €	1.527,75 €
1984	34,4%	31,8%	2,6%	4.565,85 €	2.013,82 €
1985	47,3%	42,5%	4,8%	6.725,39 €	2.870,44 €
1986	-8,5%	-6,8%	-1,8%	6.150,71 €	2.675,93 €
1987	10,9%	-11,4%	22,3%	6.818,29 €	2.369,68 €
1988	47,7%	28,5%	19,2%	10.068,72 €	3.044,94 €
1989	10,5%	18,6%	-8,0%	11.129,49 €	3.610,50 €

1990	-2,2%	-6,9%	4,6%	10.879,55 €	3.361,77 €
1991	6,3%	3,9%	2,4%	11.566,94 €	3.494,06 €
1992	16,9%	11,5%	5,4%	13.526,16 €	3.897,07 €
1993	36,7%	18,6%	18,2%	18.495,37 €	4.621,38 €
1994	-0,4%	1,0%	-1,4%	18.426,79 €	4.669,79 €
1995	25,0%	20,2%	4,8%	23.033,35 €	5.611,06 €
1996	55,5%	44,7%	10,7%	35.814,14 €	8.121,98 €
1997	37,3%	36,4%	0,9%	49.165,85 €	11.076,06 €
1998	29,0%	8,9%	20,1%	63.433,31 €	12.060,09 €
1999	18,6%	25,3%	-6,7%	75.225,44 €	15.105,52 €
2000	7,0%	-4,7%	11,7%	80.526,54 €	14.395,86 €
2001	-20,4%	-24,4%	4,0%	64.091,07 €	10.889,03 €
2002	-41,7%	-39,8%	-1,8%	37.390,73 €	6.550,84 €
2003	50,6%	16,3%	34,3%	56.328,12 €	7.620,91 €
2004	11,2%	11,7%	-0,5%	62.653,77 €	8.511,80 €
Effektive Jahres-verzinsung	**9,6%**	**4,9%**	**4,8%**	**6265,4%**	**851,2%**

Aus 1.000 €, investiert in die Low Five DAX, wurden in 45 Jahren über 60.000.
Quelle: Prof. Max Otte, Institut für Vermögensbildung; eigene Berechnungen

Die Dividendenstrategie à la Low Five DAX brachte eine jährliche Performance von durchschnittlich 9,6 %. Der DAX schaffte nur 4,9 %. Aus einem Startkapital von 1.000 € Anfang 1960 wurden nach der Low-Five-Strategie in den 45 Jahren über 62.000 €. Das Startkapital in DAX-Aktien brachte am Ende nur rund 8.500 €.

Dazu kommt: Bei Auswahl von dividendenstarken Aktien ist die Zahl der Verlustjahre niedriger. Die Low Five DAX brachten zwischen 1960 und 2004 insgesamt 13 Verlustjahre, der DAX schloss dagegen 17-mal im Minus.

Noch deutlicher wird die unterschiedliche Entwicklung im Chart. Auch hier wird der Zinseszinseffekt erst so richtig nach etwa 20 Jahren sichtbar.

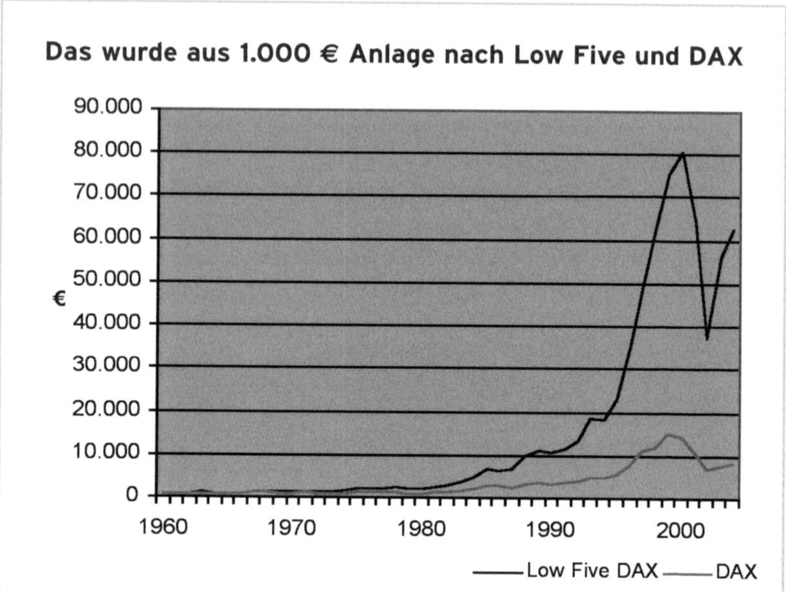

Abbildung 5.3 Der Zinseszinseffekt macht einen gewaltigen Unterschied.

Und noch etwas wird deutlich: Im Jahrtausend-Crash gingen Dividendenstrategien zwar auch deutlich nach unten, sie konnten sich aber wesentlich schneller wieder erholen. So verloren zwar auch in der Baisse 2000 bis 2002 die jeweils aktuellen Low Five im DAX dramatisch an Wert, nämlich 50,3 %. Doch im DAX selbst ging es in den drei Jahren zusammen mit minus 56,6 % noch weiter nach unten.

2003 legten die Dividendenwerte aber wieder stark zu: Die Low Five DAX schafften in dem Jahr ein Plus von 50,6 %. Der DAX brachte nur einen Anstieg von 16,3 %.

So weit die Statistik. Sie wüssten sicher gerne, wie sich die Low-Five-Kandidaten konkret entwickelt haben.

Beispiele 1: Low Five DAX

Low Five DAX Depot 4.1.2004							
Unternehmen	Kurs 4.1.2004	Dividenden-rendite	KGV 2004 erwartet	Kurs 4.1.2005	Gezahlte Dividende	Gesamt	Performance
Bayer	23,80€	3,8%	22,4	24,74€	0,50€	25,24€	6,1%
Lufthansa	12,73€	4,7%	31,2	10,63€	0,00€	10,63€	-16,5%
RWE	31,30€	3,2%	17,3	41,14€	1,25€	42,39€	35,4%
ThyssenKrupp	16,08€	3,1%	13,6	16,42€	0,50€	16,92€	5,2%
TUI	16,96€	4,5%	283,2	18,14€	0,77€	18,91€	11,5%
Durchschnitt		3,9%	73,5				8,3%
DAX	4.018,50	-		4.290,50	-	4.290,50	6,8%

Nicht alles auf eine Aktie setzen!

Jetzt sehen wir noch einmal ganz genau, warum man eben nicht alles nur auf eine einzige Aktie setzen sollte: Ausgerechnet Lufthansa hatte nämlich bei unserem angenommenen Auswahlzeitpunkt für das Low Five DAX Depot am 4.1.2004 mit 4,7 % die höchste Dividendenrendite und obendrein noch den niedrigsten Kurs. Hätten Sie jetzt also auf den dividendenstärksten Wert im DAX gesetzt, nämlich die Lufthansa, hätten Sie verloren. Denn ausgerechnet wenige Monate nach dem Start des Depots im Januar 2004 meldete die Fluglinie einen Verlust von 1,0 Milliarden € und die Streichung der geplanten und von den Anlegern erwarteten Dividende. Das kann immer passieren. Sie hätten aber einen Verlust von 16,5 %!

Also: Nie alles auf eine Karte setzen. Besser streuen Sie Risiko auf mehrere Titel. Denn der Verlust bei der Lufthansa wurde mit einem Plus von 35,4 % bei RWE mehr als ausgeglichen. Mit dem kompletten Low-Five-Depot hätten Sie insgesamt 8,3 % in einem Jahr verdient. Der DAX brachte nur 6,8 %.

Sie wissen: 1,5 % mehr Rendite pro Jahr bringt über einen längeren Zeitraum von zehn oder 20 Jahren durch den Zinseszinseffekt ein Vermögen!

Beispiel 2: Low Five MDAX

Low Five MDAX Depot 4.1.2004							
Unternehmen	Kurs 4.1.2004	Dividenden-rendite	KGV 2004 erwartet	Kurs 4.1.2005	Gezahlte Dividende	Gesamt	Performance
Boss VZ	16,10 €	4,7 %	12,9	24,36 €	0,79 €	25,15 €	56,2 %
IKB	18,15 €	4,2 %	14,4	21,30 €	0,80 €	22,10 €	21,8 %
IVG Immobilien	9,50 €	3,6 %	15,2	12,26 €	0,34 €	12,60 €	32,6 %
IWKA	16,37 €	4,0 %	14,5	20,73 €	0,66 €	21,39 €	30,7 %
Salzgitter	9,00 €	3,6 %	9,8	14,97 €	0,25 €	15,22 €	69,1 %
Durchschnitt		4,0 %	13,4				42,1 %
MDAX	4.528,91	-		5.435,66	-	5.435,66	20,0 %

Doppelte Rendite mit den Low Five MDAX

Bei den Nebenwerten aus der zweiten Reihe ist der Unterschied zwischen dem Vergleichsindex MDAX und dem Low Five MDAX Depot eklatant. Wie Sie aus der Tabelle oben sehen, brachte die Dividendenstrategie tatsächlich ein Plus von 42,1 % in zwölf Monaten. Der MDAX selbst legt nur um 20,0 % zu.

Warum konnten aber die Nebenwerte so extrem zulegen? Sehen wir uns einmal die Bewertung an:

1) Erst einmal liegt die Dividendenrendite im Low Five MDAX Depot mit durchschnittlich 4,0 % leicht über dem Low Five DAX Depot mit 3,9 %. Dieser kleine Unterschied war aber sicher nicht der Grund.

2) Beim Blick auf das erwartete KGV wird dann aber deutlich, warum die Werte aus dem MDAX besser liefen als im DAX: Am 4.1.2004 lag das für 2004 erwartete KGV bei den Low-Five-DAX-Werten nämlich bei 73,5. Selbst wenn man die extrem hohe Bewertung der TUI herausrechnet, hatten die verbleibenden vier Aktien im Low Five DAX Depot immer noch ein erwartetes KGV von 21,1. Im MDAX dagegen lag das erwartete KGV nur bei 13,4. Wie Sie ein Unternehmen genau bewerten und was die Kennziffern im Einzelnen aussagen, erfahren Sie in Kapitel 7. Nur so viel: Je höher das KGV, umso schlechter.

3) Die Firmen aus der zweiten, dritten und vierten Reihe werden von Analysten, Fondsmanagern und Privatanlegern nicht so intensiv beobachtet wie die Blue Chips aus dem DAX. Es kann leicht sein, dass bei den Nebenwerten wirklich gute Meldungen über Wochen oder gar Monate nicht bemerkt werden und dass der Kurs lange niedrig bliebt. 2003 und 2004 gab es dann aber einen Modewechsel. Denn nach den Crash-Jahren blicken die Anleger, wie schon eingangs erwähnt, nicht mehr so sehr auf Wachstum, sondern sie wollen lieber fundamental gesunde Firmen, hohe Substanz und eben eine niedrige Bewertung. Davon konnte der MDAX stark profitieren. Noch besser natürlich die attraktiveren Werte im Low Five MDAX.

So gehen Sie bei der Low-Five-Strategie vor:

1) Der erste Schritt ist der gleiche wie bei der Dogs-of-the-Dow-Strategie. Sie suchen die zehn Aktien aus einem Index, beispielsweise dem DAX, mit der höchsten Dividendenrendite. Diese finden Sie, wie gesagt, beispielsweise in Anlegerzeitschriften wie *Börse Online* oder *Euro am Sonntag* im Kursteil.

2) Wählen Sie aus diesen zehn Aktien die fünf Werte, die den niedrigsten Aktienkurs haben.

3) Kaufen Sie diese fünf Aktien und investieren Sie in jede den gleichen Betrag. Kaufen Sie die fünf Aktien zum selben Zeitpunkt. Dieser spielt dann allerdings keine Rolle.

4) Halten Sie die fünf Aktien dann zwölf Monate im Depot.

Hier ein konkretes Beispiel,

wie Sie bei der Auswahl zum Beispiel der Dogs of Dow/DAX oder Low Dow/DAX vorgehen. Wichtig dabei: Wenn Sie tatsächlich einsteigen, müssen Sie die Daten aktuell ermitteln. Das funktioniert natürlich nicht nur mit den Aktien aus dem Dow Jones oder DAX, sondern genauso auch mit jedem anderen Index, wie etwa EuroStoxx, MDAX oder SDAX.

Wie Sie die Favoriten für Low Five und die Dogs ermitteln – Beispiel DAX					
Unternehmen		**ISIN**	**Kurs* in €**	**Dividenden-rendite in %**	**Dividende je Aktie 2004 in €**
Adidas-Salomon	DE000	5003404	139,3	0,9%	1,30
Allianz	DE000	8404005	96,82	1,8%	1,75
Altana	DE000	7600801	47,75	2,0%	0,95
BASF	DE000	5151005	56,22	3,0%	1,70
Bayer	DE000	5752000	28,58	1,9%	0,55
BMW ST	DE000	5190003	37,04	1,7%	0,62
Commerzbank	DE000	8032004	18,08	1,4%	0,25
Continental	DE000	5439004	57,75	1,4%	0,80
DaimlerChrysler	DE000	7100000	33,75	4,4%	1,50
Deutsche Bank	DE000	5140008	64,99	2,6%	1,70
Deutsche Börse	DE000	5810055	62,06	1,1%	0,70
Deutsche Post	DE000	5552004	19,49	2,6%	0,50
Deutsche Telekom	DE000	5557508	14,94	4,1%	0,62
E.ON	DE000	7614406	71,9	3,3%	2,35
Fresenius Medical Care ST	DE000	5785802	65,3	1,7%	1,12
Henkel VZ	DE000	6048432	75,25	1,7%	1,30
HypoVereinsbank	DE000	8022005	20,02	0,0%	0,00
Infineon	DE000	6231004	7,71	0,0%	0,00
Linde	DE000	6483001	59,03	2,1%	1,25
Lufthansa	DE000	8232125	10,38	2,9%	0,30
MAN ST	DE000	5937007	35,73	2,9%	1,05
Metro ST	DE000	7257503	41,95	2,4%	1,02
Münchener Rückversicherung	DE000	8430026	90,74	2,2%	2,00
RWE ST	DE000	7037129	52,22	2,9%	1,50
SAP	DE000	7164600	137,94	0,8%	1,10
Schering	DE000	7172009	52,65	1,9%	1,00
Siemens	DE000	7236101	62,43	2,0%	1,25
ThyssenKrupp	DE000	7500001	14,57	4,1%	0,60
TUI	DE000	6952005	20,82	3,7%	0,77
Volkswagen ST	DE000	7664005	36,76	2,9%	1,05

**) Stand 9.6.05; eigene Berechnungen Wenn Sie die Dogs of DAX oder die Low Five DAX auswählen wollen, müssen Sie zuerst die aktuellen Kurse und die Dividendenrendite ermitteln.*

Die zehn Aktien mit der höchsten Dividendenrendite waren:

Dogs of DAX Stand 9.6.2005					
Unternehmen	ISIN		Kurs* in €	Dividendenrendite in %	Dividende je Aktie 2004 in €
DaimlerChrysler	DE000	7100000	33,75	4,4%	1,50
Deutsche Telekom	DE000	5557508	14,94	4,1%	0,62
ThyssenKrupp	DE000	7500001	14,57	4,1%	0,60
TUI	DE000	6952005	20,82	3,7%	0,77
E.ON	DE000	7614406	71,9	3,3%	2,35
BASF	DE000	5151005	56,22	3,0%	1,70
MAN ST	DE000	5937007	35,73	2,9%	1,05
Lufthansa	DE000	8232125	10,38	2,9%	0,30
RWE ST	DE000	7037129	52,22	2,9%	1,50
Volkswagen ST	DE000	7664005	36,76	2,9%	1,05

Stand: 9.6.2005; Quelle: eigene Berechnungen

Für die Ermittlung der zehn Aktien aus dem DAX mit der höchsten Dividendenrendite, also die Dogs of DAX, war's das schon. Sie müssten dann diese zehn Werte nur noch kaufen (und, wie schon gesagt, in jede Aktie gleich viel Geld investieren) und zwölf Monate im Depot liegen lassen. Schon hätten Sie ganz einfach die Strategie der Dogs umgesetzt.

Nun noch zu den Low Five DAX:
Dabei müssen Sie jetzt einfach noch die fünf Aktien aus der Tabelle oben auswählen, die am Stichtag, im Beispiel also am 9.6.2005, den niedrigsten Aktienkurs hatten:

Low Five DAX Stand 9.6.2005					
Unternehmen	ISIN		Kurs* in €	Dividendenrendite in %	Dividende je Aktie 2004 in €
Lufthansa	DE000	8232125	10,38	2,9%	0,30
ThyssenKrupp	DE000	7500001	14,57	4,1%	0,60
Deutsche Telekom	DE000	5557508	14,94	4,1%	0,62
TUI	DE000	6952005	20,82	3,7%	0,77
DaimlerChrysler	DE000	7100000	33,75	4,4%	1,50

Stand: 9.6.2005; Quelle: eigene Berechnungen

Voilà: Und schon hätten Sie ganz einfach die Low-Five-Favoriten für den 9.6.2005 gefunden!

Wenn Sie jetzt gleich die Dogs oder Low Five von heute ermitteln wollen, brauchen Sie nur noch die aktuellen Dividendenzahlungen und Aktienkurse – und los geht's!

simplified

Mein Tipp

Konzentrieren Sie sich bei den einfachen Dividendenstrategien auf die Low Five. Hier lag in der Vergangenheit die Performance höher als bei den Dogs of the Dow bzw. DAX. Und vor allem: Sie müssen nicht gleich zehn Aktien kaufen. Auch die fünf Werte bieten für den Einstieg schon eine zufrieden stellende Risikostreuung.

Attraktive Dividendenwerte International

Damit Sie sich ein Bild davon machen können, wie gute Dividendenwerte aussehen, habe ich Ihnen eine Liste von einigen attraktiven und vor allem zuverlässigen Zahlern aus verschiedenen nationalen und internationalen Aktienindizes zusammengestellt. Wenn Sie ein Dividendenportfolio aufbauen, werden Sie sehen: Viele dieser Aktien sind immer wieder mit von der Partie.

Zuverlässige Dividendenzahler Deutschland/International						
Index	Unternehmen	ISIN	Dividenden-wachstum 5 Jahre pro Jahr in %*	Div.-rendite aktuell*	Div.-ausfälle in 5 Jahren*	Performance 5 Jahre in % gesamt**
EURO STOXX 50	ABN Amro	NL0000301109	2,1%	5,0%	0	-3,5%
Dow Jones	Altria	US02209S1033	7,3%	4,3%	0	198,6%
EURO STOXX 50	Banco Bilbao	ES0113211835	8,0%	3,4%	0	-6,0%
EURO STOXX 50	Banco Santander	ES0113900J37	4,1%	3,5%	0	1,5%
DAX	BASF	DE0005151005	8,5%	3,0%	0	44,5%

MDAX	Bilfinger Berger	DE0005909006	19,5%	2,5%	0	185,6%
EURO STOXX 50	BNP Paribas	FR0000131104	18,0%	3,5%	0	27,1%
SDAX	Boewe Systec	DE0005239701	7,8%	3,1%	0	81,9%
MDAX	Degussa***	DE0005421903	0,0%	3,3%	0	18,9%
MDAX	Dt. Euroshop****	DE0007480204	0,0%	4,3%	0	44,2%
MDAX	Douglas	DE0006099005	5,1%	3,5%	0	17,5%
Dow Jones	Du Pont	US2635341090	0,0%	3,0%	0	16,4%
DAX	E.ON	DE0007614406	13,5%	3,3%	0	52,3%
SDAX	Elring Klinger***	DE0007856023	42,3%	2,9%	0	363,7%
EURO STOXX 50	Endesa	ES0130670112	3,9%	3,0%	0	0,0%
EURO STOXX 50	Enel	IT0003128367	8,9%	4,9%	0	40,3%
EURO STOXX 50	ENI	IT0003132476	20,2%	4,1%	0	127,4%
MDAX	Fielmann***	DE0005772206	10,5%	3,0%	0	41,8%
EURO STOXX 50	Fortis	BE0003801181	6,5%	4,5%	0	-4,8%
SDAX	Gerry Weber	DE0003304101	4,1%	3,5%	0	50,6%
MDAX	Hannover Rück	DE0008402215	8,0%	3,1%	1	36,7%
SDAX	Hawesko	DE0006042708	-1,5%	3,6%	0	90,1%
MDAX	Hugo Boss VZ	DE0005245534	15,9%	3,2%	0	57,0%
EURO STOXX 50	Iberdrola	ES0144580018	6,7%	3,4%	0	73,0%
MDAX	IKB	DE0008063306	0,1%	3,6%	0	49,9%
SDAX	Indus Holding	DE0006200108	3,4%	5,0%	0	3,8%
MDAX	IWKA	DE0006204407	0,0%	3,5%	0	35,1%
SDAX	Jungheinrich VZ	DE0006219934	2,7%	2,7%	0	123,7%
MDAX	K+S	DE0007162000	17,9%	2,9%	0	224,7%
SDAX	Klöckner Werke	DE0006780000	31,4%	7,4%	1	-7,5%
EURO STOXX 50	Lafarge	FR0000120537	4,7%	3,1%	0	9,9%
DAX	MAN ST	DE0005937007	0,1%	3,0%	0	7,9%
-	MAN VZ	DE0005937031	0,1%	3,2%	0	50,7%
MDAX	MPC***	DE0005187603	68,2%	8,1%	0	106,7%
SDAX	MVV Energie	DE0007255903	5,9%	4,5%	0	46,7%
MDAX	Norddt. Affinerie	DE0006766504	-1,8%	3,9%	1	77,7%
SDAX	Rational***	DE0007010803	66,5%	5,8%	0	82,2%
DAX	RWE ST	DE0007037129	8,5%	2,9%	0	47,8%
DAX	RWE VZ	DE0007037145	8,5%	3,3%	0	57,6%

SDAX	Schlott	DE0005046304	5,6%	3,3%	0	39,0%
SDAX	Sixt ST	DE0007231326	-4,5%	3,3%	0	-13,7%
-	Sixt VZ	DE0007231334	-4,4%	3,9%	0	17,0%
MDAX	Südzucker	DE0007297004	9,0%	3,1%	0	65,9%
DAX	ThyssenKrupp	DE0007500001	-3,0%	4,1%	0	-6,3%
EURO STOXX 50	Total	FR0000120271	5,0%	2,8%	0	30,5%
EURO STOXX 50	Unicredito Italiano	IT0000064854	9,9%	4,7%	0	6,6%
EURO STOXX 50	Unilever	NL0000009348	7,2%	3,5%	0	16,2%
SDAX	Villeroy & Boch	DE0007657231	-4,3%	4,0%	0	31,3%
DAX	Volkswagen ST	DE0007664005	6,4%	2,9%	0	0,0%
-	Volkswagen VZ	DE0007664039	6,0%	4,1%	0	23,9%
MDAX	Vossloh	DE0007667107	16,7%	3,5%	0	98,4%
DAX	-	-	-	2,5%	-	-37,1%
MDAX	-	-	-	2,4%	-	34,5%
SDAX	-	-	-	2,6%	-	10,2%
EURO STOXX 50	-	-	-	3,1%	-	-34,2%
Dow Jones	-	-	-	2,4%	-	-1,6%
IBEX 35	-	-	-	2,6%	-	
MIB	-	-	-	3,6%	-	
CAC 40	-	-	-	2,5%	-	-35,5%
AEX	-	-	-	3,4%	-	-44,9%

**) Stand 13. Juni 2005; bezogen auf die für 2004 angekündigte oder bereits gezahlte Dividende;*
***) Stand 13. Juni 2005; inklusive Dividenden; ***) Zeitraum jeweils vier Jahre;*
*****) Zeitraum drei Jahre, IBEX 35: Leitbörse Spanien, MIB: Leitbörse Italien, CAC 40: Leitbörse Frankreich; AEX: Leitbörse Niederlande*

Gute Dividendenaktien finden Sie auch auf dem internationalen Börsenparkett.

Beim Austüfteln von Dividendenportfolios sollten Sie immer auch die Nachhaltigkeit der Dividende im Auge haben. Im DAX beispielsweise bieten die Deutsche Telekom und Lufthansa derzeit eine überdurchschnittlich hohe Dividendenrendite von 4,1 bzw. 2,9 %. Doch bei beiden Unternehmen wurden die Anleger in den vergangenen fünf Jahren jeweils zweimal durch Dividendenausfälle enttäuscht. Grund dafür waren Ertragsschwäche und hohe Verluste. Auf jeden Fall hat das Spuren in der Performance hinterlassen: In den vergangenen fünf Jahren sitzen Telekom-Aktionäre inklusive Dividenden auf einem Minus von 75 %. Bei der Lufthansa macht der Verlust 47 % aus.

In Deutschland sollten Sie sich einmal die Vorzugsaktien ansehen: Wie Sie in der Tabelle sehen, schneiden sie durchweg besser ab als die Stammaktien. Eine höhere Dividende, aber auch die Phantasie einer Zusammenlegung mit den Stammaktien ist eben gut für den Aktienkurs. Mehr dazu lesen Sie unter Strategie 4.

Wenn Sie die deutschen mit den internationalen Dividendenwerten vergleichen, können Sie feststellen, dass die Dividendenrendite im Ausland zum Teil deutlich höher ist als bei den deutschen Indizes. Während Sie im DAX zurzeit eine durchschnittliche Dividendenrendite von 2,5 % bekommen, sind es im Euro Stoxx 50, mit den 50 größten Firmen im Euro-Raum, 3,1 %. Noch mehr gibt es an der Leitbörse der Niederlande AEX mit 3,4 % und an der italienischen Leitbörse in Mailänder MIB mit 3,6 %.

Noch einmal: Risikostreuung

Ausländische Dividendenwerte bringen aber nicht nur eine zum Teil deutlich höhere Dividendenrendite, sondern einen weiteren Vorteil: weniger Risiko. Denn mit der breiten Streuung der Aktien auf verschiedene Länder können Sie das Risiko in Ihrem Depot senken. Das bewies schon 1952 der Wirtschaftsprofessor Harry M. Markowitz in seiner Portfoliotheorie. Als Konsequenz seiner Theorie empfiehlt der US-Nobelpreisträger den Anlegern Diversifikation:

Sie sollten nicht alle Eier in einen Korb legen, sondern streuen und dabei Aktien auswählen, die sich im Konjunkturablauf oder bei bestimmten Ereignissen gegenläufig entwickeln. Wer beispielsweise nur Aktien aus einem einzigen Land im Depot hat, schneidet normalerweise schlecht ab, wenn genau dort die Konjunktur oder Börse dümpelt oder wenn die politischen Rahmenbedingungen nicht passen. Konsequenterweise rät Markowitz auch dazu, im Rahmen der Diversifikation nicht nur auf Firmen derselben Branche zu setzen. Denn ist die Branchenkonjunktur schwach, dann laufen auch die Aktien im Sektor normalerweise nicht besonders gut.

Für Sie empfiehlt sich damit eine Streuung der Aktien nach Branchen und Regionen.

Bei Dividenden ist die Streuung aber gar nicht so schwer. Denn gute Dividendenaktien gibt es quer Beet durch alle Branchen. Und auch im Ausland finden Sie jede Menge Firmen mit hoher Ausschüttung.

Es gibt allerdings einen Wermutstropfen: Beim Kauf von internationalen Aktien handeln Sie sich gleichzeitig ein Währungsrisiko ein. Denn steigt der € gegenüber der jeweiligen Währung, zum Beispiel dem US-$, dann schmilzt auch der Wert der Auslandsaktie in €. Wer sich beispielsweise vor fünf Jahren US-Aktien gekauft hat, sitzt jetzt auf einem reinen Währungsverlust von fast 50 %. Denn die US-Währung fiel zwischen 2000 von 0,82 $ je € auf 1,36 $ je € bis Ende 2004. Einziger Trost: Der € kann auch fallen – Sie stecken dann zur Dividende und einem möglichen Kursanstieg unerwartete Währungsgewinne ein.

Wem die Währungsrisiken zu hoch sind, dem bieten sich im Euro-Raum genug interessante Dividendenaktien.

simplified

Mein Tipp

Wer hohe Dividenden bei internationalen Aktien kassieren will, der sollte vor allem bei Werten aus exotischen Ländern auch die Gebühren seiner Bank im Auge haben. Mehr dazu finden Sie in Kapitel 8.

Strategie 4: Die Vorzugsstrategie

»Ach, die Analysten, die verwechseln ja Vorzugsaktien mit Stammaktien!«
Gordon Geko, Finanzgenie aus dem Börsenfilmklassiker »Wall Street«.

Natürlich kennen Analysten in der Realität den Unterschied zwischen Vorzugsaktien und Stammaktien. Das sind Profis. Aber auch Sie als Privatanleger sollten wissen, was bei Vorzügen anders ist als bei Stämmen, und vor allem: Sie sollten wissen, wie Sie damit verdienen können.

Vorzüge erkennen Sie meistens schon an der Wertpapierkennnummer (WKN) bzw. ISIN. Gibt es beide Aktiengattungen, dann erkennen Sie die Vorzüge normalerweise an der letzten Ziffer der WKN. Diese ist dann meist eine »3«. Zum Beispiel lautet die WKN der BMW-Stammaktie »519000«, die der Vorzüge »519003«.

Das Aktienrecht regelt die Behandlung von Vorzugsaktionären: »Für Aktien, die mit einem nachzuzahlenden Vorzug bei der Verteilung des Gewinns ausgestattet sind, kann das Stimmrecht ausgeschlossen werden (Vorzugsaktien ohne Stimmrecht).« § 139 Abs. 1 AktG.

Bei den Vorzugsaktien haben Sie damit als Anleger im Gegensatz zur Stammaktie normalerweise kein Stimmrecht. Sie können damit auf der Hauptversammlung nicht mitreden, zum Beispiel über die Bestellung der Mitglieder des Aufsichtsrats, die Verwendung des Bilanzgewinns, über die Höhe der Dividende, die Entlastung der Mitglieder des Vorstands und des Aufsichtsrats, die Bestellung des Abschlussprüfers oder Maßnahmen der Kapitalbeschaffung und der Kapitalherabsetzung.

Es gibt auf dem Kurszettel derzeit etwa 60 deutsche Aktiengesellschaften, bei denen neben den Stämmen Vorzugsaktien oder nur Vorzugsaktien gehandelt werden.

Dafür, dass Anleger bei Vorzugsaktien kein Stimmrecht haben, notiert die Vorzugsaktie meist etwas niedriger im Kurs als die Stammaktie. Der Grund liegt darin, dass institutionelle Anleger wegen des Mitspracherechts eher Interesse an den Stammaktien haben und diese deswegen bevorzugen. Deswegen bietet die Stammaktie bei Firmenübernahmen auch mehr Phantasie als die Vorzugsaktie. Denn potenzielle Käufer haben wegen des Stimmrechts normalerweise die Stämme im Visier.

Verzichten Sie auf das Stimmrecht

Auf jeden Fall bekommen Sie als Vorzugsaktionär normalerweise bei den meisten Firmen eine höhere Dividende gezahlt als die Besitzer der Stammaktien. Oft ist das in den Satzungen der einzelnen Aktiengesellschaften genau geregelt. Nicht selten gibt es sogar eine Garantiedividende für Vorzugsaktien: Sie als Aktionär bekommen in diesem Fall für eine Vorzugsaktie jedes Jahr eine garantierte Mindestdividende. Fällt die Zahlung einmal aus, bekommen Sie das Geld bei der nächsten Ausschüttung zusätzlich zur fälligen Garantiedividende nachgezahlt.

Das ist ebenfalls im Aktiengesetz geregelt: »Wird der Vorzugsbetrag in einem Jahr nicht oder nicht vollständig gezahlt und der Rückstand im nächsten Jahr nicht neben dem vollen Vorzug dieses Jahres nachgezahlt, so haben die Vorzugsaktionäre das Stimmrecht, bis die Rückstände nachgezahlt sind. In diesem Fall sind die Vorzugsaktien auch bei der Berechnung einer nach Gesetz oder Satzung erforderlichen Kapitalmehrheit zu berücksichtigen.« § 140 Abs. 2 AktG

Bei der Dividendennachzahlung für die Vorzüge kommt manchmal ein ganz schönes Sümmchen zusammen. Bei der LHA-Krause-Vorzugsaktie beispielsweise liefen die Geschäfte 2003 nicht sonderlich gut. Der Milch-Broker, der als Makler Milchprodukte zwischen verschiedenen Molkereien vor allem in Deutschland, Österreich und Frankreich handelt, zahlte wegen der unsicheren wirtschaftlichen Lage damals mit 0,42 € je Vorzugsaktie 0,22 € weniger, als den Vorzugsaktionären eigentlich laut Satzung als Mindestdividende zustehen würde. Doch 2004 liefen die Geschäfte für das Unternehmen aus Bad Langensalza in Thüringen wieder besser. Und für die Besitzer der Vorzugsaktie klingelte die Kasse besonders laut: Alleinvorstand Rainer Krause konnte nicht nur die garantierte Mindestdividende von 0,64 €, sondern obendrein eine Nachzahlung in Höhe von 0,22 € für das Jahr 2003 auszahlen. Im Juni 2005 gab es dann am Tag nach der Hauptversammlung eine Gesamtausschüttung je Vorzugsaktie von 0,86 €. Bei einem Kurs der Aktie von 9 € lag die Dividendenrendite damit bei 9,5 %. Die Besitzer der Stammaktien gingen übrigens vollkommen leer aus.

Übrigens – auch wenn es in normalen Jahren keine Nachzahlung gibt: Auf einem Kursniveau von 9 € bringen allein schon die 0,64 € Garantiedividende für die Vorzugsaktien der LHA Krause eine Dividendenrendite von rund 7 %. Weit mehr, als Sie etwa für Bundesanleihen oder Festgeld bekommen.

Bei vielen Aktiengesellschaften sind sogar nur die Vorzugsaktien börsennotiert. Die Stämme mit dem Stimmrecht sind dabei oft fest in der Hand der Unternehmensgründer. Das ist beispielsweise bei dem Hersteller von

Badmöbeln Burgbad aus Schmallenberg in Nordrhein-Westfalen so, bei der Maschinenfabrik Berthold Hermle aus Gosheim in Baden-Württemberg, beim Spezialisten für Geräte für Heimwerker und Hobbygärtner Hans Einhell aus Bayern oder bei Sto, dem Produzenten von Farben. Sie sollten wissen: Firmen, bei denen nur die Vorzüge börsennotiert sind, bieten Ihnen zusätzliche Chancen. Mehr dazu später.

Aber wozu Stämme und Vorzüge? Sie als Otto Normalanleger brauchen doch eigentlich überhaupt kein Stimmrecht. Denn Mitsprache ist normalerweise nur für Großanleger, wie eben die Gründerfamilie, oder institutionelle Investoren, wie Fondsgesellschaften oder Versicherungen, interessant.

Kassieren Sie lieber höhere Dividenden mit den Vorzugsaktien.

Zusammenlegung von Vorzügen und Stämmen: 1+1 = 3

Eine höhere Ausschüttung und ein Nachzahlungsanspruch sind aber nur ein Vorteil, den Vorzugsaktien bieten. Es gibt noch einen, der manchmal schon kurzfristig innerhalb von wenigen Monaten hohe Gewinne bringt: die Zusammenlegung von Vorzugsaktien und Stammaktien. Danach gibt es eben nur noch eine Aktiengattung, bei der jede Aktie ein Stimmrecht hat.

Bei Rheinmetall beispielsweise wurde das erst im Mai 2005 auf der Hauptversammlung beschlossen. Firmenchef Klaus Eberhardt wollte damit die Attraktivität des Automobilzulieferers und Rüstungskonzerns an der Börse erhöhen. Denn gibt es nur eine Aktiengattung, steigert das tatsächlich die Attraktivität einer Aktie. Und zwar ganz einfach. Bei Rheinmetall wurden bisher 18 Millionen Stämme und ebenso viele Vorzüge an der Börse gehandelt. Insgesamt war das Grundkapital des Düsseldorfer Konzerns so in 36 Millionen Aktien eingeteilt.

Die Aufteilung in Vorzüge und Stämme hat aber einen großen Nachteil. Denn in einem Index wird dann normalerweise nur eine Aktiengattung gehandelt. Bei Rheinmetall waren das die Vorzüge im MDAX. Das hatte wiederum Folgen: Das Gewicht des Konzerns bzw. die Bedeutung im Index entsprach nicht der gesamten Marktkapitalisierung des Unternehmens, bestehend aus 18 Millionen Stämmen und 18 Millionen Vorzügen, von zusammen etwa 1,4 Milliarden €, sondern nur der Börsenkapitalisierung der Vorzugsaktien. Und die lag nun einmal nur etwa halb so hoch bei rund 700 Millionen €.

Das Gewicht eines Unternehmens im Index, also der prozentuale Anteil am Index, spielt allerdings eine entscheidende Rolle. Denn es gibt viele Fonds, die einen Index 1:1 abbilden. Diese müssen dann alle Indexmitglieder entsprechend ihrem Anteil im Portfolio halten. Ist das Gewicht einer Firma im Index niedrig, ist auch der Anteil im Fondsportfolio entsprechend gering, und umgekehrt. Mit dem Gewicht im Index ist aber auch die Nachfrage nach einer Aktie entsprechend höher oder niedriger. Und das hat dann normalerweise direkten Einfluss auf den Aktienkurs.

Und noch ein Punkt: Indexmitglieder finden bei Anlegern, Analysten und bei Finanzjournalisten deutlich mehr Beachtung als Firmen, die in keinem Index sind oder nur im Freiverkehr notieren. Auch das hat Auswirkungen auf den Aktienkurs.

Konkret:
Rheinmetall. Durch die Zusammenlegung der beiden Aktien stieg die Gewichtung von Rheinmetall im MDAX deutlich an. Denn der Konzern hat jetzt nicht mehr eine Börsenkapitalisierung im Index von nur 700 Millionen €, sondern eben von 1,4 Milliarden €. Und auch der Handel in der Aktie verteilt sich nun nicht mehr auf Vorzüge und Stämme, sondern nur noch auf eine Gattung. Damit werden nun mehr Stücke von dieser einen Gattung gehandelt, das Handelsvolumen ist höher. Auch das ist normalerweise gut für den Kurs.

Auf jeden Fall steigt das Gewicht im Index. Hatten die Rheinmetall-Vorzüge vor der Zusammenlegung der beiden Aktiengattung im MDAX ein Gewicht von 1,2 %, so hat es sich durch die Zusammenlegung etwa verdoppelt. Konkret: Das Unternehmen belegte vor der Zusammenlegung im Mai 2005 nach der Rangliste der Deutschen Börse zur Zusammensetzung des Index Platz 32 beim Börsenwert und Rang 26 beim Handelsvolumen. Nach der Zusammenlegung kletterte Rheinmetall beim Börsenwert auf Rang 15 und beim Handelsvolumen auf Platz 21.

Von einer Umwandlung von Vorzugsaktien in Stämme können Sie oft profitieren. Denn Vorzugsaktien sind, wie gesagt, oft billiger als Stämme. Kommt eine Umwandlung oder verdichten sich die Gerüchte, klettert der Kurs der Vorzüge. Bei Rheinmetall beispielsweise waren die Vorzüge

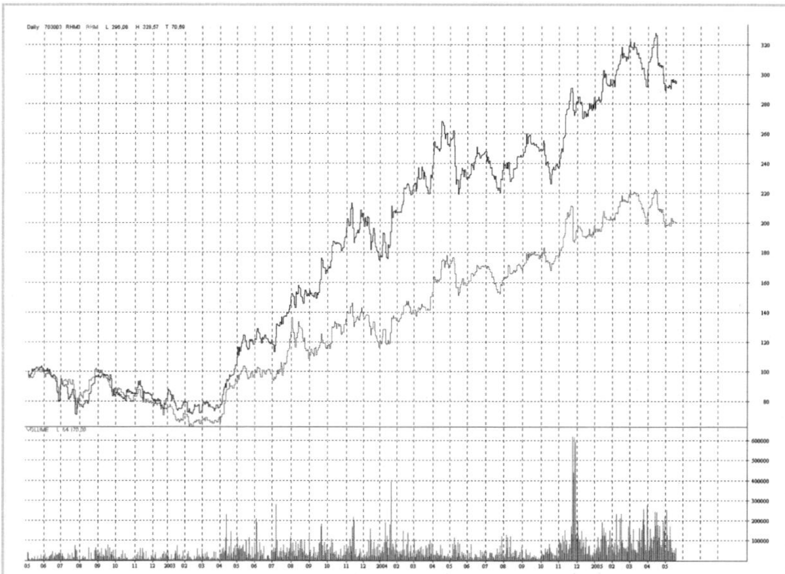

Abbildung 5.4 Viele Anleger spekulierten auf die Zusammenlegung der Vorzüge (Linie oben) und Stämme (Linie unten) bei Rheinmetall. Die Vorzüge legten dabei stark zu. Chart: b.i.s. Börseninformationssysteme. Quelle: Deutsche Börse.

vor 2003 noch um rund 20 % billiger als die Stämme. Am Ende, nach beschlossener Zusammenlegung, waren die Vorzüge genauso teuer.

Wie Sie im Chart erkennen, legten die Vorzüge in den drei Jahren zwischen Mai 2002 und dem Hauptversammlungsbeschluss im Mai 2005 um rund 200 % zu, die Stämme brachten es dagegen nur auf ein Plus von 100 %. Denn schon ab etwa 2003 spekulierten immer mehr Anleger auf die Abschaffung der Vorzugsaktien und kauften diese Gattung.

Gut: Rheinmetall ist bereits in einem Index. Aber viele Firmen konkurrieren um die Plätze. Viele wollen rein, viele wollen drin bleiben. Oder auch in einen höheren Index aufsteigen. Und da ist eine einzige Aktiengattung einfach besser. Rheinmetall sitzt jetzt viel sicherer im MDAX-Sattel. Denn in der Rangliste der Firmen notieren die Düsseldorfer, wie gesagt, nicht mehr wie vor der Zusammenlegung etwa auf Platz 30 der 50 Mitglieder, sondern sind schon fast unter den Top Ten. Der Verbleib im Index auch über längere Zeit ist damit extrem sicher. Und damit besteht ein großes Interesse der institutionellen Anleger mit hohen Handelsumsätzen und höheren Aktienkursen.

Kursschub durch Indexaufnahme

Sie haben es vielleicht schon einmal erlebt: Immer, wenn die Deutsche Börse über die Zusammensetzung, über die Auf- und Absteiger in die einzelnen Indizes, entscheidet, wird es spannend. Aufsteiger legen nach Bekanntgabe oft kräftig zu. Beispiel Schlott Gruppe.

Anfang Dezember 2004 beschloss die Deutsche Börse als Betreiber der Indizes wie DAX, MDAX, SDAX oder TecDAX entsprechend ihren Richtlinien, die Schlott Gruppe ab 20.12.2004 in den SDAX aufzunehmen. Was mit der Aktie des Mediendienstleisters aus Freudenstadt passierte, sehen Sie im Chart: Der Kurs stieg nach Bekanntgabe der Indexaufnahme sofort um rund 10 % und legte insgesamt um bis zu 40 % zu. Und gab es früher in der Aktie manchmal tagelang so gut wie gar keinen Handel, so ist seit Dezember 2004 auch im Handelsvolumen ordentlich was los. Den Grund dafür habe ich Ihnen schon weiter oben genannt: Durch die Indexaufnahme wird die Aktie für viele Fonds und institutionelle Investoren eben erst interessant.

Bei Schlott gibt es zwar keine Vorzüge. Aber es gibt eine ganze Menge anderer kleiner Firmen mit zwei Aktiengattungen. Und bei einer ganzen Reihe von Unternehmen werden zwar die Vorzüge an der Börse gehandelt, die Stammaktien liegen aber wie eh und je in der Hand der Gründerfamilien und sind damit nicht börsennotiert.

Oder besser gesagt: noch nicht. Beispiel Burgbad. Der Hersteller für Badmöbel aus dem Sauerland ist hier für Sie interessant. Nicht nur wegen einer vergleichsweise hohen Dividendenrendite meist im Bereich von 5 %.

Sondern auch wegen der Zusammenlegungsphantasie. Bisher waren nämlich nur die Vorzugsaktien an der Börse gehandelt. Erst vor kurzem wurde jedoch die Zulassung der 1,8 Millionen Stämme zum Handel

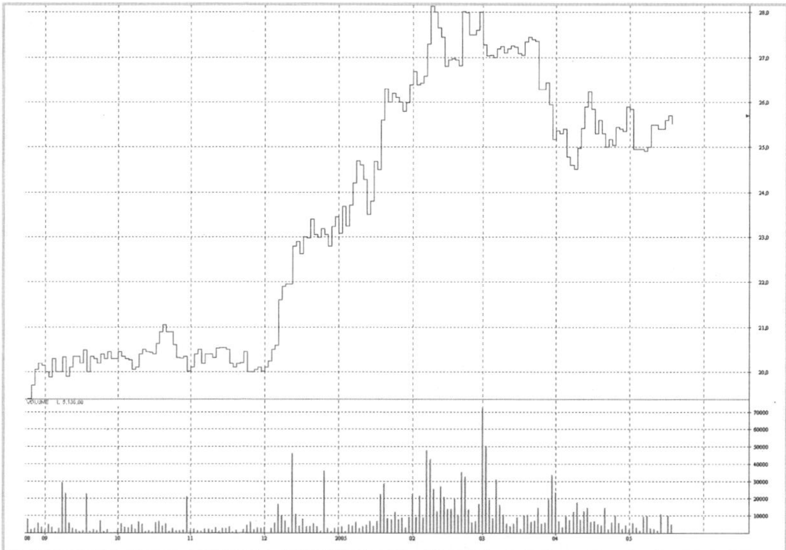

Abbildung 5.5 Die Aufnahme in den SDAX brachte bei der Schlott Gruppe Ende 2004 einen Schub beim Kurs und beim Handelsvolumen der Aktie.
Chart: b.i.s. Börseninformationssysteme. Quelle: Deutsche Börse.

beantragt. Und schon bald nach dieser Maßnahme sollen die 1,7 Millionen Vorzüge in Stämme umgewandelt werden.

Sind die Maßnahmen erfolgreich umgesetzt, dann dürften zwei Dinge passieren. Erstens: eine deutliche Zunahme des Handelsvolumens. Zweitens: die Verdoppelung der Börsenkapitalisierung. Derzeit haben die 1,7 Millionen Vorzüge nur einen Börsenwert von 17 Millionen €. Zusammen mit den Stämmen dürfte der Wert dann auf etwa 35 Millionen € steigen. Und hier liegt die Phantasie: Wegen des höheren Handelsvolumens und der größeren Börsenkapitalisierung dürfte die Aktie auch für institutionelle Anleger und für alle anderen, für die das Unternehmen bisher zu klein war, interessant werden.

Das ist der eine Punkt. Der andere: Gibt die Hauptaktionärin Annelie Ruddies-Warwitz einen Teil ihrer schon bald börsennotierten Stammaktien ab, erhöht sich gleichzeitig der Freefloat, also der Streubesitz. Sie müssen Folgendes wissen: Bei der Aufnahme in einen Index spielt der Streubesitz eine wichtige Rolle. Denn die Deutsche Börse wertet hier bei der Marktkapitalisierung nur die Aktien, die sich im Streubesitz befinden. Mit einer Börsenkapitalisierung von 35 Millionen € wäre Burgbad bei einem hohen Streubesitz dann möglicherweise schon bald ein aussichtsreicher Aspirant für den SDAX. Zumindest mit einem Zeithorizont bis 2007 oder 2008. Allein deswegen hat der Kurs wegen der Indexphantasie weiteres Potenzial. Siehe Schlott Gruppe.

Profite durch Delisting

Aber auch der umgekehrte Fall ist möglich, also nicht die Aufnahme der Notierung der Stammaktien zusätzlich zu den Vorzugsaktien, sondern ein Delisting der Vorzüge. Wie bei Sto: Der Hersteller von Farben und Dämmmaterial für Gebäudefassaden aus Stühlingen in Baden-Württemberg ist seit 1992 börsennotiert. Allerdings kamen damals nur die Vorzugsaktien an den Geregelten Markt in Frankfurt und Stuttgart. Die Stammaktien blieben nach wie vor fast komplett in der Hand der Gründerfamilie Stotmeister und wurden auch nicht an die Börse eingeführt.

Trotz guter fundamentaler Daten des Unternehmens und einer attraktiven Dividendenrendite für die Vorzugsaktie meist im Bereich zwischen 3 % und 5 % führte das Papier lange einen Schlummerschlaf. Es gab manchmal tagelang so gut wie keine Umsätze, die Bewertung der Aktie war meist sehr günstig. Da nützte es auch nichts, dass das Management darauf regelmäßig im Geschäftsbericht hinwies: »Das Eigenkapital je Aktie liegt bei 20,84 €« konnten Anleger beispielsweise noch im Geschäftsbericht 2004 lesen. Trotz aller Bemühungen blieb der Kurs der Vorzugsaktie dennoch meist zwischen 20 und 30 % unter dem Wert des Eigenkapitals.

Dann wurde es den Stotmeisters doch irgendwann zu dumm. Sie unterbreiteten Ende April 2004 ein Übernahmeangebot für die Vorzüge zum Kurs von 21 €. Die Aktie legte entsprechend zu und dürfte dann bei erfolgter Übernahme vom Kurszettel verschwinden.

Sie sehen: Nicht nur regelmäßige Dividenden sind interessant. Auch Warten und Geduld können sich bei dividendenstarken Aktien auszahlen.

Abbildung 5.6 Nach dem Übernahmeangebot für die Vorzugsaktien stieg Sto aus dem Stand um 20 %. Chart: b.i.s. Börseninformationssysteme. Quelle: Deutsche Börse.

Sie sehen: Vorzüge sind einfach gut. Denn Sie können mehrfach profitieren:

1) Die Dividende ist höher.
2) Oft gibt es eine Garantiedividende mit Nachzahlungsanspruch.
3) Werden Vorzüge und Stämme zusammengelegt, bieten sich Kurschancen bei den Vorzugsaktien.
4) Werden Stammaktien, die bisher nicht börsennotiert waren, zum Handel zugelassen und obendrein mit den Vorzügen zusammengelegt, bieten sich auch hier Kurschancen.
5) Sind nur die Vorzüge börsennotiert, die Stämme aber beispielsweise in der Hand der Gründerfamilie, dann können Ihnen ein attraktives Übernahmeangebot für die Vorzüge und ein Delisting der Aktie schöne Gewinne bringen.

Vorzugsaktien – Phantasie und Dividende							
Unternehmen	ISIN	Index/Segment	Dividende 2004 in €***	Div.-Rendite* in %	Kurs*	Kurs Stämme*	Kurs-differenz in %
Ahlers VZ	DE000 5009732	Prime Standard	0,95	6,4%	14,79	15,24	3,0%
BBS VZ	DE000 5196232	General Standard	0,21	1,7%	12,50	****	-
Burgbad VZ	DE000 5302137	General Standard	0,54	5,5%	9,80	**	-
Creaton VZ	DE000 5483036	General Standard	0,95	4,7%	20,10	****	-
Drägerwerk VZ	DE000 5550636	TecDAX	0,45	1,0%	46,90	****	-
Edding VZ	DE000 5647937	Kein Segment	1,65	4,7%	35,00	****	-
Hans Einhell VZ	DE000 5654933	General Standard	0,60	1,6%	38,55	****	-
Eurokai VZ	DE000 5706535	Kein Segment	0,15	1,3%	11,25	****	-
FMC VZ	DE000 5785836	Prime Standard	1,18	2,3%	51,55	65,26	26,6%
Fuchs VZ	DE000 5790430	SDAX	1,83	2,5%	73,27	77,84	6,2%
Hermle VZ	DE000 6052830	General Standard	0,85	3,1%	27,20	****	-
Hornbach Hold. VZ	DE000 6083439	SDAX	1,14	1,6%	69,53	****	-
Hugo Boss VZ	DE000 5245534	MDAX	0,85	3,4%	25,17	24,67	-2,0%
Jungheinrich VZ	DE000 6219934	SDAX	0,48	2,7%	17,77	****	-
KSB VZ	DE000 6292030	General Standard	1,03	0,8%	122,00	138,95	13,9%
Kühnle VZ	DE000 5027734	General Standard	0,23	0,9%	26,01	30,5	17,3%
LHA Krause VZ	DE000 6490139	Kein Segment	0,86	9,0%	9,59	5,50	-42,6%
MAN VZ	DE000 5937031	Prime Standard	1,05	3,1%	34,00	36,63	7,7%
Möbel Walther VZ	DE000 6620933	General Standard	0,13	2,2%	6,04	11,00	82,1%
RWE VZ	DE000 7037145	Prime Standard	1,50	3,5%	43,31	50,35	16,3%
Sartorius VZ	DE000 7165631	Prime Standard	0,42	2,5%	17,00	17,16	0,9%
Schuler VZ	DE000 7210635	General Standard	0,20	2,9%	6,90	****	-
Sixt VZ	DE000 7231334	Prime Standard	0,62	4,2%	14,75	16,65	12,9%
Sto VZ	DE000 7274136	General Standard	0,42	2,0%	21,41	****	-
Villeroy & Boch VZ	DE000 7657231	SDAX	0,42	4,2%	10,10	****	-
Volkswagen VZ	DE000 7664039	Prime Standard	1,11	4,1%	27,27	36,31	33,1%
Westag & Getalit VZ	DE000 7775231	Prime Standard	0,54	5,5%	9,89	9,74	-1,5%
WMF VZ	DE000 7803033	General Standard	0,60	5,0%	11,99	14,18	18,3%

) Stand Juni 2005; **) Zulassung der Stämme zum Börsenhandel und die Zusammenlegung mit den Vorzugsaktien läuft; *) teilweise geschätzt; ****) Stämme nicht börsennotiert*

Bei vielen Firmen werfen die Vorzugsaktien eine hohe Dividende mit einer Rendite von teilweise weit über 5 % im Jahr ab.

simplified

Mein Tipp

Kaufen Sie Vorzugsaktien, und nehmen Sie so nicht nur eine höhere Dividende mit, sondern nutzen Sie damit auch noch die anderen Chancen wie Delisting, Indexaufstieg oder Zusammenlegung.

Strategie 5: Die Abfindungsstrategie

Profite durch Großaktionäre und Squeeze-out

»Aktienmehrheit: Dividende et impera.«
Gerhard Uhlenbruck, Philosoph.

Hohe Garantiedividenden bekommen Sie als Anleger manchmal aber noch aus einem anderen Grund. Dann nämlich, wenn bei einem Unternehmen so gut wie alle Aktien in fester Hand eines Großaktionärs sind. Diese Töchter sind dabei meist schon sehr lange im Geschäft, konnten so ein solides Polster mit hoher Eigenkapitalquote und oft auch viel Cash aufbauen. Die Verschuldung ist niedrig, Zinslasten gibt es kaum. So steht meist der gesamte Jahresgewinn für Ausschüttungen zur Verfügung.

Ein gutes Beispiel dafür ist etwa Saint Gobain Oberland. Die Eigenkapitalquote liegt hier bei weit überdurchschnittlichen 45 %. Nur rund 3,3 % der Aktien des traditionsreichen Glasherstellers aus Bad Wurzach sind in der Hand von außenstehenden Aktionären. Hauptaktionär ist der französische Baustoffhersteller und Indexmitglied im EuroStoxx 50 Compagnie Saint Gobain. Das beherrschte Unternehmen liefert seit Jahren meist so gut wie den kompletten Jahresgewinn an die französische Mutter ab. Die Dividendenrendite bei der Aktie der deutschen Tochter liegt deshalb entsprechend meist im Bereich zwischen 5 und 10 %.

Oder Allianz Leben. Die Allianz AG, München, hält indirekt rund 90 % der Aktien des Stuttgarter Versicherers. Auch hier wird meist der gesamte Jahresgewinn ausgeschüttet. Die Dividendenrendite liegt daher meist deutlich über 5 %. Schließlich will die Allianz AG als Mutterkonzern für ihr in der Beteiligung gebundenes Kapital auch Gewinne sehen.

Wenn Sie sich Aktien solcher langjährig profitabler Firmen wie Saint Gobain Oberland oder Allianz Leben kaufen, können Sie meist eine relativ hohe Dividende einplanen. Dabei bestehen oft Beherrschungs- und Gewinnabführungsverträge, über welche die Tochter als beherrschtes Unternehmen den gesamten Jahresüberschuss an den Großaktionär abführen muss. Die freien Minderheitsaktionäre erhalten dafür aber eine garantierte Ausgleichszahlung und bekommen so hier oft eine hohe Rendite von 5 % und mehr im Jahr.

Da in solchen Fällen oft 98 oder 99 % der Aktien in der Hand der Großaktionäre sind, bieten die Töchter zusätzlich Squeeze-out-Phantasie. Das bedeutet: Will der Großaktionär irgendwann die restlichen wenigen Anteile der freien Aktionäre, dann muss er diesen dafür ein mehr oder weniger hohes Abfindungsangebot unterbreiten. Dieses basiert üblicherweise auf der Bewertung des Unternehmens durch eine unabhängige Wirtschaftsprüfungsgesellschaft. Auf der Grundlage des so ermittelten Unternehmenswertes wird den außenstehenden Aktionären dann ein entsprechendes Barabfindungsangebot unterbreitet. Anleger, die dieses nicht annehmen, erhalten dann für ihre noch gehaltenen Aktien eine regelmäßige Ausgleichszahlung, eine Garantiedividende.

Beispiel Phoenix aus Hamburg. Nach der Bewertung durch die Wirtschaftsprüfer von Ernst & Young sollen die außenstehenden Aktionäre eine Barabfindung von 18,89 € je Aktie beim Verkauf an den Großaktionär oder eine jährliche Ausgleichszahlung, also Garantiedividende, von 1,27 € erhalten, wenn sie die Aktie behalten wollen. Aktuell ist das eine Rendite von 5,8 %.

Oft sind die freien Aktionäre mit den so ermittelten Zahlungen des Wirtschaftsprüfers aber nicht einverstanden. Manche Anleger gehen im Rahmen eines Spruchstellenverfahrens vor Gericht. Dort entscheidet dann ein Richter, wie hoch Barabfindung und Ausgleichszahlung sein sollen. Die Verfahren ziehen sich oft über Jahre hin. Ihnen als Anleger winken aber für die Geduld dann oft dicke Kursgewinne.

Beispiel SCA Hygiene Products. Hier reicht die Geschichte schon bis ins Jahr 1997 zurück. Damals hatte die SCA Group Holding die PWA Papierwerke Waldhof Aschaffenburg AG mehrheitlich übernommen und in einem Beherrschungs- und Gewinnabführungsvertrag festgelegt, dass die freien Aktionäre eine Abfindung von 143,67 € je PWA-Aktie bekommen sollen bzw. eine Garantiedividende von 8,77 €. Doch sieben Jahre später, Ende 2004, legte das Landgericht München I im Spruchstellenverfahren höhere Beträge fest: Die Richter hielten deutlich mehr, nämlich 188,67 € als Barabfindung und eine Ausgleichszahlung von 17,32 €, für angemessen.

Wie Sie im Chart sehen können: Anleger, die 1997 nach der Bekanntgabe der Konditionen des Beherrschungsvertrages auf eine Nachbesserung spekuliert hatten, machten dicke Gewinne. Denn die Aktie stieg von 170 € auf jetzt 292 €. Ein Plus von mehr als 70 %. Wird das Urteil rechtskräftig, kommt dazu noch einmal die Zahlung der Garantiedividende von brutto rund 120 €. Der Gesamtgewinn liegt dann bei rund 150 %. Das sind 20 % plus pro Jahr seit 1997!

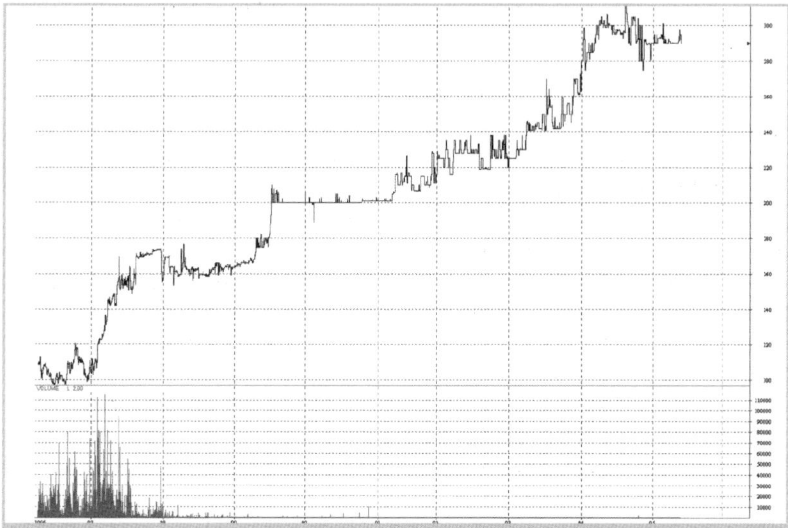

Abbildung 5.7 Wer auf eine Nachbesserung der Barabfindung und Garantiedividende spekuliert, macht häufig, wie im Fall der PWA, dicke Gewinne. Wie das hohe Handelsvolumen zeigt, machten das 1997/1998 ziemlich viele Anleger. Chart: b.i.s. Börseninformationssysteme. Quelle: Deutsche Börse.

Ein paar Formalien

Laut Aktiengesetz kann ein Beherrschungs- und Gewinnabführungsvertrag bereits mit 75 % der Stimmen auf der Hauptversammlung beschlossen werden. In der Satzung der jeweiligen AG können aber weitere Erfordernisse festlegt sein.

Ein Squeeze-out-Verfahren kann dann eingeleitet werden, wenn der Großaktionär mehr als 95 % der Aktien besitzt. Hier können die freien Aktionäre dann sogar gegen ihren Willen aus der AG gedrängt werden – allerdings nur gegen ein angemessenes Abfindungsangebot (AktG § 327 a ff).

Im Spruchstellenverfahren entscheidet das Landgericht gegebenenfalls bei Klagen der freien Minderheitsaktionäre über die Höhe der Abfindung bei Beherrschungs- und Gewinnabführungsverträgen und bei der Übertragung der Aktien auf einen Hauptaktionär. Gegen die Entscheidung gibt es noch die Möglichkeit einer Beschwerde beim Oberlandesgericht.

Es gibt einige interessante Fälle. Beispiel t-online: Wie Sie vielleicht wissen, sollen die Altaktionäre für jede t-online-Aktie 0,52 Aktien der Deutschen Telekom erhalten. Viele Anleger halten das Angebot einfach für zu niedrig. Oder AXA Versicherung: Nur noch 72.000 der insgesamt rund 52,5 Millionen Aktien sind im Streubesitz bei den Minderheitsaktionären. Hier läuft ein Squeeze-out-Verfahren. Die freien Aktionäre sollen nach der Vorstellung des Hauptaktionärs je Stamm- und Vorzugsaktie 77,21 € erhalten. Da der Kurs der Aktien vor Unterbreitung des Angebots im April 2005 im Bereich von 100 € lag, scheinen hier ein Spruchstellenverfahren und eine Nachbesserung des Angebots möglich.

Beherrschungs- und Gewinnabführungsvertrag oder Squeeze-out-Verfahren bieten Ihnen oft hohe Gewinnchancen. Doch ein Punkt ist für Sie als Anleger, der noch einsteigen will, besonders wichtig: Oft werden die Aktien schon ziemlich rasch nach dem Angebot mit einem Aufgeld an der Börse gehandelt.

Bei Phoenix beispielsweise beträgt das Abfindungsangebot laut Beschluss der Hauptversammlung 18,89 €. Der Kurs liegt aber derzeit um rund

15 % höher. Einige Analysten und Investoren halten hier eine Barabfindung von deutlich über 20 €, manche sogar von bis zu 30 €, für angemessen und rechnen so mit einer Nachbesserung, möglicherweise in einem Spruchstellenverfahren vor Gericht.

Bis Sie als Anleger in solchen Fällen dann aber ein höheres Angebot bekommen, vergehen manchmal zehn Jahre. Warten kann sich allerdings, wie im Fall PWA, auszahlen.

simplified

Mein Tipp

Spekulieren Sie auf Aktien mit einem Großaktionär, der etwa 80 % oder mehr an einem Unternehmen hält. Sie bekommen dann nicht nur oft eine hohe Dividendenrendite, sondern haben möglicherweise die Chance auf einen Kursgewinn im Falle eines Squeeze-out.

Achten Sie auf die Handelsumsätze der Aktien. Wie bei den Spekulationen auf Nachbesserung gibt es bei vielen attraktiven Dividendenwerten manchmal nur wenig Handelsvolumen an der Börse. Sie müssen als Anleger dann vor allem bei größeren Beträgen manchmal einige Tage oder gar Wochen Geduld aufbringen, bis Sie die gewünschte Aktienzahl kaufen oder verkaufen können. Nicht vergessen: In solchen Fällen immer mit Limit arbeiten.

Hohe Dividendenrendite wegen Großaktionär

Unternehmen	ISIN	Kurs 24.5.05	Garantie-dividende	Dividenden-rendite	Bar-abfindung	Großaktionär	Streubesitz
Allgemeine Gold- und Silberscheideanstalt[7*]	DE0005038509*	29,20	1,40	4,8%	-	Umicore	9,2%
Allianz Leben[7*]	DE0008403007*	447,00	23,00	5,1%	-	Allianz	9,0%
Andrae-Noris Zahn	DE0005047005*	34,98	1,25	3,6%	-	Sanacorp, Celesio, Alliance UniChem	7,1%
AXA Versicherung VZ[8*]	DE0008454539	88,65	4,20	4,7%	77,21	AXA Konzern AG	0,14 %***
Celanese****	DE0005753008	48,52	2,89	6,0%	41,92	Celanese Europe Holding	6,1%
Dt. Hypothekenbank	DE0008042003*	314,00	11,00	3,5%	-	ING	10,6%
Gelsenwasser****	DE0007760001	398,00	17,74	4,5%	353,14	Wasser und Gas Westfalen GmbH	5,1%
Kali Chemie[7*]	DE0006350002	340,00	14,32	4,2%	-	Solvay	0,5%
LHA Krause VZ[5*]	DE0006490139	9,33	0,64	6,9%	-	Überwiegend Streubesitz	70%
Phoenix****	DE0006031008	21,96	1,27	5,8%	18,89	Continental AG	18,7%
Pilkington Deutschland****	DE0005588008	405,00	16,28	4,0%	350,23	Pilkington	4,0%
Saint Gobain Oberland[7*]	DE0006851603*	390,00	22,20	5,7%	-	Saint Gobain	3,3%
SCA Hygiene Products****	DE0006889801*	294,85	12,99	4,4%	188,67	Svenska Cellulosa Aktiebolaget	3,4%
Wella VZ*	DE0007765638	78,75	3,83	4,9%	72,86	Procter & Gamble	1,7 %**
Württembergische Hypothekenbank[6*]	DE0008124009	59,50	2,68	4,5%	56,50	Hypo Real Estate	3,0%

) keine Garantiedividende, aber regelmäßig hohe Ausschüttung wegen Großaktionär; **) Streubesitz der Stammaktien; *) bezogen auf Stamm- und Vorzugsaktien; ****) Beherrschungs- und Gewinnabführungsvertrag; 5*) Mindestdividende laut Satzung; 6*) Squeeze-out wurde eingeleitet; 7*) Großaktionär*

Dividenden sind manchmal richtig spannend. Bei Barabfindung oder Garantiedividende gibt es so manche positive Überraschung. Einige Firmen in der Tabelle bieten nicht nur eine hohe Garantiedividenden, sondern zusätzliche Phantasie auf eine mögliche Nachbesserung der bestehenden Regelungen.

Strategie 6: Sonderdividenden, Dividendenerhöhungen

Es gibt an der Börse einfach ein paar schöne Gesetzmäßigkeiten, auf die fast 100%ig Verlass ist. Das habe ich auf jeden Fall immer wieder beobachtet: Gibt es eine Erhöhung der Dividende oder eine Sonderzahlung in einem Unternehmen, dann steigt der Kurs der Aktie oft über Tage oder Wochen an.

Beispiel 1: Rational. Am 25.2.05 kündigte der Hersteller von Dämpfern für Großküchen bei einem Umsatzplus von 19 % auf 221,8 Millionen € und einem Anstieg beim Jahresüberschuss von 27 % auf 34,1 Millionen € nicht nur Rekordzahlen an, sondern gleichzeitig auch die Zahlung einer Sonderdividende von 5,0 € je Aktie. Beim damaligen Kurs immerhin eine Dividendenrendite von rund 6,5 %. Die Aktie ging natürlich nach oben. Sie stieg am Tag der Meldung um 7,7 %, von 78 auf 84 €. Zwar fiel der Kurs in den folgenden Tagen wieder, legte danach aber noch kräftiger zu. Die Aktie notierte sechs Wochen später schon bei 92 € und damit um 18 % höher als bei Bekanntgabe der Sonderzahlung.

Zufall? Oft ist es doch so: Kündigt ein Unternehmen die Zahlung einer hohen Sonderdividende aus dem Cash-Bestand an, ist sich der Vorstand ziemlich sicher, dass die Geschäfte weiterhin gut laufen und er das Geld nicht mehr unbedingt brauchen wird. Bei Rational war es so: Vorstandschef Günter Blaschke war sicher, dass der Cashflow aus dem operativen Geschäft höher ist als die benötigte Liquidität für weiteres Wachstum. Die Nachricht der Sonderzahlung war für sich genommen schon richtig gut. Sie können sogar darauf warten, dass das Management dann früher oder später noch eins drauflegt. Wie bei Rational. Wenige Wochen nach Bekanntgabe der Sonderzahlung gab der Vorstand einen guten Ausblick, der Aktienkurs war, wie gesagt, nicht mehr zu bremsen.

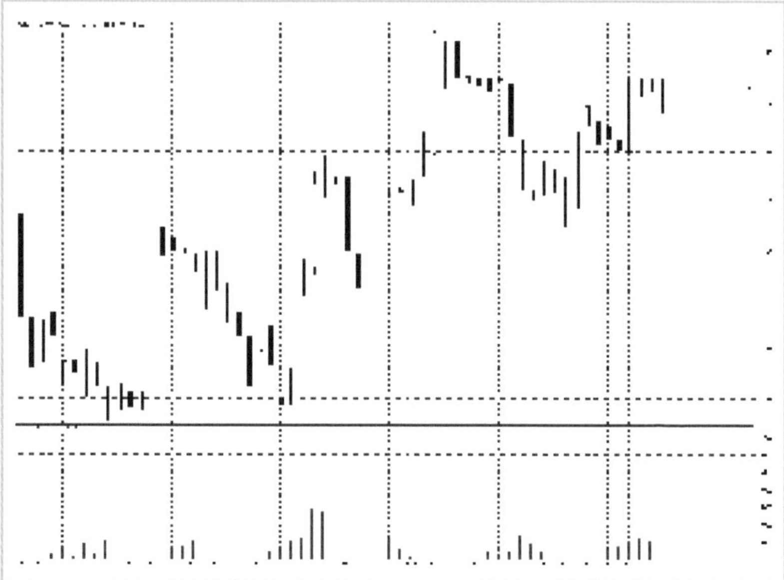

Abbildung 5.8 Gleich am Tag der Bekanntgabe der Sonderzahlung bei Rational legte die Aktie kräftig zu. Wie nicht anders zu erwarten, kamen später in Folge dann noch weitere gute Meldungen: Der Kurs stieg und stieg. Chart: b.i.s. Börseninformationssysteme. Quelle: Deutsche Börse.

Beispiel 2: Hyrican. Schon früh hatte Firmenchef Michael Lehmann angekündigt, dass die Geschäfte bei dem Computerhersteller wegen Preiskämpfen und Absatzproblemen 2004 nicht so gut laufen werden. Marktbeobachter reduzierten entsprechend ihre Prognosen für Gewinn und Umsatz. Auch ihre Dividendenschätzung ging nach unten. Zahlte das Unternehmen aus Kindelbrück in Thüringen für 2003 noch eine Dividende von 0,7 € je Aktie, so lag die Schätzung für 2004 nur noch bei 0,2 €. Dann kamen die Zahlen zum Geschäftsjahr 2004: Der Gewinn lag zwar tatsächlich rund 30 % unter Vorjahr, aber damit fast doppelt so hoch wie erwartet. Vor allem aber: Trotz des Gewinnrückgangs stellte Firmenchef Lehmann eine Dividende wie im Vorjahr von 0,7 € und damit eine Dividendenrendite von 8,2 % in Aussicht. Folge: Der Kurs explodierte – am Tag der Meldung (25.2.05) um über 10 % von 8,5 € auf 9,5 € und dann weiter bis 15 €.

Abbildung 5.9 Nach Bekanntgabe der Dividendenerhöhung legte die Aktie von Hyrican stark zu. Richtig steil ging es nach einem Bericht in der Anlegerzeitung »Euro am Sonntag« *Anfang März nach oben. Chart: b.i.s. Börseninformationssysteme. Quelle: Deutsche Börse.*

simplified

Mein Tipp

Kaufen Sie Aktien, bei denen eine Dividendenerhöhung oder eine Sonderzahlung angekündigt wurde, noch am selben Tag. Damit setzen Sie auf positive Meldungen aus dem Unternehmen in den folgenden Wochen und Monaten oder aber auf eine positive Berichterstattung in Zeitungen und damit auf steigende Kurse.

simplified

Mein Tipp

Wie erkennen Sie aber, ob eine Dividendenerhöhung oder eine Sonderzahlung möglich ist? Hier müssen Sie Ihre Hausaufgaben machen und die einzelnen Firmen genau beobachten. Sehen Sie sich die Entwicklung im Unternehmen an: Stiegen die Umsätze in den vergangenen Quartalen? Wurden die Erwartungen übertroffen? Stieg der Gewinn? Sie sollten sich generell fragen: Wie ist die Dividendenpolitik des Unternehmens? Gibt es eine vom Vorstand definierte Zielausschüttungsquote? Gibt es hier noch Erhöhungsspielraum?

Wenn Sie sich die Arbeit machen und attraktive Unternehmen regelmäßig beobachten, sind Sie oft schon investiert, bevor eine Sonderzahlung oder Dividendenerhöhung bekannt gegeben wird. Sie machen dann dicke Extra-Gewinne.

Ohne Internet geht fast nichts mehr

Wo aber finden Sie die wichtigen Meldungen, und vor allem: Wo stehen die wirklich aktuellen? Denn wenn eine Ad-hoc-Meldung oder eine andere Unternehmensnachricht in der Zeitung steht, ist es meist zu spät.

Hier geht ohne Internet eigentlich nichts. Dort finden Sie dafür aber alles, was Sie brauchen. Von den relevanten Ad-hoc-Meldungen, in denen Sonderzahlungen oder Dividendenerhöhungen bekannt gegeben werden, bis hin zu Quartals- und Geschäftsberichten.

Aber vor allem bei kleinen Firmen gibt es nur selten Ad-hoc-Meldungen. Gibt es eine Dividendenerhöhung, dann steht das oft erst im Geschäftsbericht.

Sie sollten sich folgende Internetseiten vormerken: Empfehlenswerte Seiten für Ad-hoc-Meldungen sind die der DGAP Deutsche Gesellschaft für Ad-hoc-Publizität *(www.dgap.de)* und vwd Vereinigte Wirtschaftsdienste *(www.vwd.de)*. Einen Überblick über aktuelle Unternehmensberichte gibt es bei der Schutzgemeinschaft der Kapitalanleger *(www.hv-info.de)*.

Warum Kurse steigen – Tue Gutes und rede darüber

Die genannten Strategien haben im Prinzip eines gemeinsam: Es geht dabei um nichts anderes als die Erhöhung einer erwarteten Dividende. Allgemein ist es oft so: Nach Bekanntgabe der Erhöhung legt der Kurs im ersten Monat im Durchschnitt um rund 10 % zu.

Aber warum steigen die Kurse nach der Meldung über Tage und Wochen weiter?

Ich habe immer wieder beobachtet, dass die Kursgewinne bei kleinen Firmen dann deutlich höher sind als bei Blue Chips. Das hat Gründe: Bei kleinen Unternehmen sind generell weniger Informationen verfügbar. Nur wenige Analysten beobachten die Firmen. Berichte in den Medien sind selten. Entsprechend wenige Anleger kennen Small Caps, noch viel weniger die ganz kleinen Micro Caps. Die Firmen stehen erst dann in den Schlagzeilen, wenn es eine positive Dividendenüberraschung gibt.

Vorher sind selbst gute und hochprofitable Firmen oft lange Zeit Herrschaftswissen, nur etwas für Eingeweihte. Erst nachdem ein Gewinnsprung, ein Mega-Deal oder eben eine stark steigende Dividende für Aufmerksamkeit in den Medien gesorgt hat, wird der breite Markt auf solche Perlen aufmerksam. Erst jetzt steigen die Leute ein. Kommen dann noch Meldungen in den renommierten Anlegerzeitschriften mit hoher Auflage hinzu, gibt es einen regelrechten Kursschub. So war es beispielsweise bei Hyrican. Nach einem Bericht in der Anlegerzeitschrift *Euro am Sonntag* über die dicke Dividendenrendite von rund 9 % kletterte der Kurs auf bis zu 15 €!

Bei Blue Chips sieht es anders aus. Sie werden von Analysten und Fondsmanagern intensiv beobachtet. Der Informationsfluss aus den Unternehmen ist meist stetig und umfangreich. Richtige Überraschungen sind selten. Dividendenerhöhungen werden schon von den professionellen Analysten erwartet und sind meist bereits im Kurs eingepreist. Dividendenerhöhungen sind so keine wirkliche Überraschung mehr.

Strategie 7: Aufnahme der Dividendenzahlungen

Ähnlich wie bei Sonderzahlungen und Dividendenerhöhungen läuft es bei der Aufnahme der Dividendenzahlungen vor allem bei Unternehmen, die bisher meist nur in den Miesen waren und deshalb kein Geld für Dividenden hatten.

Beispiel Nemetschek. Das Softwarehaus aus München kündigte Anfang März 2005 erstmals seit dem Börsengang im Jahr 1999 die Zahlung einer Dividende an: eine Basisdividende von 0,5 € und zusätzlich einen Bonus von 1,5 €. Zusammen also 2 € je Aktie. Zwar lag der Gewinn der Münchner nur bei 0,56 € je Aktie, doch Vorstandsvorsitzender Gerhard Weiß sah schon aufgrund der guten Zahlen bei Umsatz und Ertrag im Geschäftsjahr 2004 endgültig die Trendwende zum Guten und blickt deswegen nur noch optimistisch in die Zukunft.

Nemetschek ist ein gutes Beispiel für die Signalfunktion der Dividendenzahlung. Denn mit Aufnahme der Ausschüttung zeigte der Vorstand hier ganz deutlich, dass er Vertrauen in die nachhaltige Profitabilität des Unternehmens hat.

Und die Aktie? Nach Ankündigung der Ausschüttung am 8.3.05 stieg der Kurs von Nemetschek auf jeden Fall schon einmal um mehr als 10 %. Auch wenn Sie erst nach der Meldung zu etwa 14,30 € eingestiegen wären, hätten Sie nach etwa einem Monat in der Spitze bereits rund 25 % verdient.

simplified

Mein Tipp

Steigen Sie gleich nach Ankündigung der ersten Dividendenaufnahme ein und spekulieren Sie damit auf einen weiteren Kursanstieg.

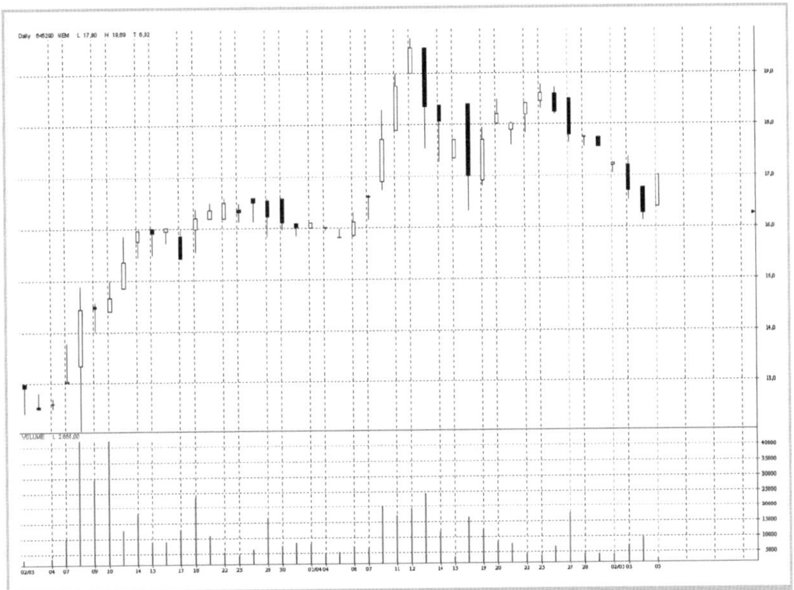

Abbildung 5.10 Die Aufnahme der Dividendenzahlung, wie etwa im Beispiel Nemetschek, zeigt sehr gut die Signalfunktion der Dividende. Der Kurs der Aktie kletterte danach Wochen und Monate nach oben. Chart: b.i.s. Börseninformationssysteme. Quelle: Deutsche Börse.

Strategie 8: Auf Kapitalrückzahlungen setzen

Hier handelt es sich eigentlich nicht um eine Gewinnbeteiligung. Vielmehr bekommen Anleger bei dieser Maßnahme einen Teil der Reserven des Unternehmens ausgezahlt. Das geschieht normalerweise dann, wenn das Management der Meinung ist, dass es das Geld nicht mehr für das operative Geschäft brauchen wird. Im Gegensatz zur Sonderdividende und normalen Ausschüttung macht die Kapitalrückzahlung meist einen großen Teil der Reserven des Unternehmens aus. Auch hier können Sie verdienen.

Beispiel SinnerSchrader. Obwohl der Internetdienstleister Verluste schrieb, gab es für 2003 eine hohe Sonderausschüttung von 1,9 € je

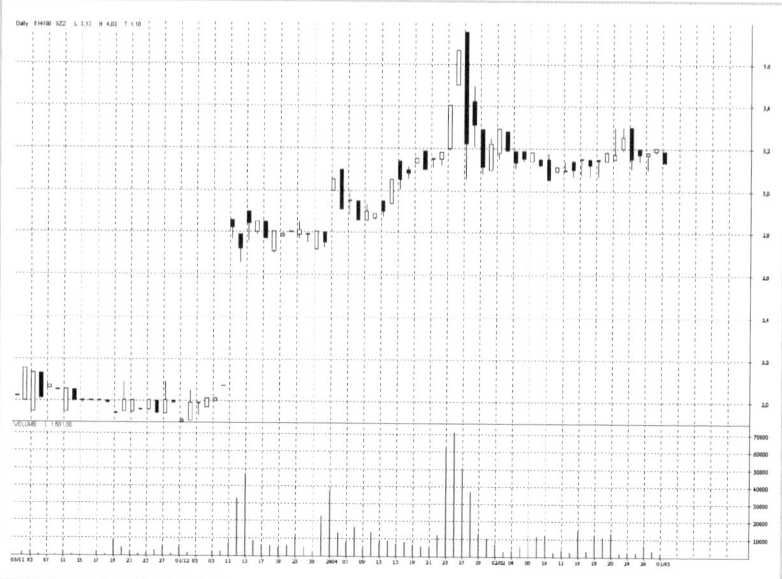

Abbildung 5.11 Nach Ankündigung einer Kapitalrückzahlung bei SinnerSchrader explodierte der Kurs an einem Tag um rund 40 % und legte dann über Wochen weiter zu. Chart: b.i.s. Börseninformationssysteme. Quelle: Deutsche Börse.

Aktie. Das waren immerhin 90 % des damaligen Börsenkurses je Aktie. Das Hamburger Technologieunternehmen saß auf hohen Kapitalrücklagen von 23,8 Millionen € – rund 2,18 € je Aktie. Bei einem bescheidenen Geschäftsverlauf des Unternehmens waren Vorstand und Aufsichtsrat der Meinung, dass so hohe Rücklagen überhaupt nicht notwendig sind. Kaum wurde die Meldung über die hohe Sonderausschüttung veröffentlicht, explodierte auch schon der Aktienkurs: Er stieg von 2 € um 40 % auf etwa 2,8 € – und zwar an einem einzigen Tag! Und in den nächsten sechs Wochen ging es weiter hoch – in der Spitze bis 3,65 € je Aktie – ein Kursanstieg von fast 100 %.

Sie sehen: Auch an der Börse gilt der Spruch »Lieber den Spatz in der Hand als die Taube auf dem Dach«. Denn den Anlegern ist eine hohe Sonderzahlung oft lieber als mögliche, aber unsichere und riskante Geschäfte.

simplified

Mein Tipp

Achten Sie auf Ankündigungen von hohen Sonderzahlungen oder Kapitalrückzahlungen. Wenn Sie am Tag der Ankündigung einsteigen, ist zwar der Kurs meist schon deutlich geklettert, meist geht es aber in den Folgetagen weiter nach oben.

Aber Vorsicht: nicht gierig werden. Kalkulieren Sie sicherheitshalber je nach Ausmaß der Zahlung nur mit einem weiteren Kursplus von 10 bis 15 % und steigen Sie nach Erreichen dieser Marke lieber aus.

Exkurs: Geld macht begehrlich

Anlegern und Aktionären eines Unternehmens geht es bei den Dividendenzahlungen und sonstigen Ausschüttungen aber nicht nur um eine schöne, planbare Rendite. Die Zahlung hat noch weitere Vorteile.

1) Viel Geld auf dem Konto des Unternehmens bedeutet gleichzeitig eine niedrige Eigenkapitalrendite. Denn lassen Firmen viel Cash auf dem Konto liegen, bekommen sie bei den derzeitigen Zinsen am Kapitalmarkt normalerweise nur 2 oder 3 % Zinsen im Jahr. Das Management sollte das Geld aber gewinnbringender anlegen. Es sollte im eigenen operativen Geschäft arbeiten, zum Beispiel über Expansion, neue Investitionen oder Entwicklung von Produkten. Denn dort werfen die Mittel bei profitablen Unternehmen oft 20, 30 % und mehr im Jahr ab.

2) Bei Firmen mit zu viel Geld auf dem Konto neigt das Management oft zu Verschwendung. Ein klassisches Beispiel dafür ist der US-Mischkonzern Tyco International mit Sitz in Pembroke, Bermuda. Der ehemalige Firmenchef Dennis Kozlowski führte dort jahrelang ein Regiment wie ein absoluter Monarch. Eine seiner Schwächen war die krasse Verschwendungssucht für sich und seine Getreuen.

Er ließ es sich gut gehen und plünderte immer wieder die prall gefüllte Kasse für seine abartigen Vorlieben. Beispielsweise kaufte er einen

Duschvorhang für 6.000 $ und rechnete das gute Stück auf Firmenkosten ab. Auch für eine Geburtstagsparty seiner Frau auf Sardinien musste Tyco löhnen und 2 Millionen $ hinlegen.

Für die Aktionäre hatte Kozlowski dagegen nicht viel übrig: Trotz schöner Gewinne lag die Ausschüttungsquote meist nur im Bereich von 10 %. Jahrelang gab es für die Aktie nur eine Dividende im Jahr von 5 US-Cent. Die Dividendenrendite lag damit bei Aktienkursen oft von 40 bis 60 $ nicht einmal annähernd bei 1 %.

Gut, der Tyco-CEO (Chief Executive Officer) ist weg und muss sich für seine Habgier vor Gericht verantworten. Aber auch das Geld der Anleger ist weg. Kein Wunder also, dass die Börse hohe Ausschüttungen oder Kapitalrückzahlungen mit steigenden Kursen honoriert. Kein Wunder, dass Aktionärsschützer, etwa die Deutsche Schutzvereinigung für Wertpapierbesitz DSW, generell eine hohe Ausschüttungsquote bei Aktiengesellschaften von mindestens 50 % fordern.

simplified

Mein Tipp

Sehen Sie sich einmal die Aktionärsstruktur der einzelnen Firmen an. Gibt es viele Kleinaktionäre, dann unterliegt das Management des Unternehmens meist einer weniger starken Kontrolle. Gibt es dagegen einen oder mehrere Großaktionäre, wird das Management stärker kontrolliert. Obendrein besitzt ein Großaktionär meist Zugang zu Informationen, die Kleinaktionäre nicht haben.

Wichtig sind auch die Verträge der Manager. Orientiert sich die Höhe der Vergütung an der Unternehmensgröße, dann hat der Vorstand unter Umständen Interesse an Investitionen und Übernahmen, die von vornherein ein Verlustgeschäft sind.

Strategie 9: Ausschüttung via Aktienrückkauf

Der US-Computerkonzern IBM startete vor kurzem den größten Aktienrückkauf der Firmengeschichte. Der Verwaltungsrat des Unternehmens aus Armonk im Bundesstaat New York hat dafür 5 Milliarden US-$ genehmigt.

Oder die Deutsche Börse: Das Unternehmen startete am 13. April 2005 ein Aktienrückkaufprogramm, befristet bis 20. Mai 2005, mit einem Wert von insgesamt 448 Millionen Euro – also knapp 10 % des gesamten Börsenwertes – und anschließendem Einzug der Papiere. Schon in den ersten zwei Wochen nach Start wurden Aktien für rund 180 Millionen Euro eingesammelt.

Das sind zwei Beispiele für eine Art der Beteiligung der Aktionäre am Gewinn, die immer beliebter wird: Aktienrückkäufe. Hier bekommen Sie zwar nicht direkt Geld überwiesen, dafür steigen aber normalerweise die Aktienkurse. Derzeit haben beispielsweise fast alle Unternehmen im DAX die Ermächtigung ihrer Aktionäre, Aktien des eigenen Unternehmens zurückzukaufen. Meist sind das nur Vorratsbeschlüsse. Aber etwa die Hälfte der Unternehmen aus dem DAX ist derzeit tatsächlich am Markt aktiv und kauft eigene Aktien.

Das ist vor allem in Zeiten niedriger Zinsen attraktiv. Denn es lohnt sich für ein Unternehmen eher, Aktien vom Markt zu nehmen, als niedrig verzinste Schulden zu tilgen.

Nicht jeder Aktienrückkauf ist aber gut für Sie. Es gibt drei Möglichkeiten:

1) Ein Aktienrückkauf mit dem Ziel, die eigenen Aktien als Akquisitionswährung für mögliche Übernahmen einzusetzen. Dabei sinkt aber nicht die Zahl der Aktien. Der positive Effekt bleibt aus.

2) Aktienrückkäufe, um Optionsprogramme für Mitarbeiter zu bedienen. Das wirkt aber normalerweise negativ auf den Aktienkurs. Denn im Rahmen der Programme sinkt Ihr Anteil als Aktionär am Gewinn und Vermögen des Unternehmens. Der Gewinn wird so niedriger, er wird verwässert.

3) Aktienrückkäufe als Ersatz oder Teil der Ausschüttung mit dem Ziel, die zurückgekauften Aktien danach einzuziehen und so die Zahl der ausgegebenen Aktien zu reduzieren.

Nur Fall 3 ist tatsächlich als Maßnahme des Shareholder Value, also der Wertschaffung für den Aktionär, anzusehen: Die Aktien werden am Markt aus Rücklagen gekauft. Danach finden ein formales Einziehungsverfahren mit anschließender Kapitalherabsetzung des Grundkapitals und entsprechender Minderung der Aktienzahl sowie die Eintragung im Handelsregister statt.

Während Dividenden möglichst kontinuierlich gezahlt werden, sind Rückkäufe oft einmalige Ereignisse, die sich über Monate hinziehen. Ein Rückkauf ist vor allem dann sinnvoll, wenn ein größerer Betrag an die Aktionäre ausgeschüttet werden soll. In Deutschland sind Aktienrückkäufe allerdings noch nicht so verbreitet wie in anderen Ländern. Sie sind hier zu Lande überhaupt erst seit 1998 erlaubt. Firmen dürfen dabei maximal bis zu 10 % der eigenen Aktien zurückkaufen.

Gegenüber Dividendenzahlungen bieten die Rückkäufe einen großen Vorteil: Die möglichen Kursgewinne bleiben nämlich, anders als Dividendenzahlungen, steuerfrei – dann nämlich, wenn Sie als Anleger die Aktien länger als die gesetzliche Spekulationsfrist von einem Jahr im Depot haben. Der Steuervorteil gegenüber Dividenden beträgt dabei etwa 20 %.

Rückkäufe sind gut für den Aktienkurs

Nach Untersuchungen der US-Investmentbank Morgan Stanley steigen Aktien mit Rückkaufprogrammen deutlich stärker als der Markt. Nach Angaben der Banker lag der Unterschied im Betrachtungszeitraum zwischen 1997 und 2003 bei europäischen Aktien in den ersten zwölf Monaten nach Ankündigung eines Rückkaufprogramms im Durchschnitt bei 13 %. Noch besser lief es bei Unternehmen, die beim Kurs-Buchwert-Verhältnis KBV (siehe auch Kapitel 7) unter den billigsten 20 % waren. Sie brachten sogar 21 % mehr als der Markt.

Rückkaufrendite Top 10 Blue Chips Europa				
Unternehmen	**ISIN**	**Durchschnittliche Rückkaufrendite pro Jahr in % 1997-2003**	**Kursentwicklung in % 1997-2003**	**Performance Vergleichsindex in % 1997-2003**
Volvo B	SE0000115446	5,7%	69,3%	35,3%
Rentokil	GB0007327124	5,5%	0%	8,7%
Diageo	GB0002374006	5,0%	110,5%	8,7%
Next	GB0032089863	4,5%	124,1%	8,7%
Danone	FR0000120644	4,0%	156,5%	53,7%
Peugeot	FR0000121501	3,9%	202,0%	53,7%
Intercontinental Hotels	GB00B03NF665	3,8%	-21,7%	8,7%
UBS	CH0012032030	3,5%	142,2%	39,2%
Marks & Spencer	GB0031274896	3,3%	-8,9%	8,7%
Union Fenosa	ES0181380017	3,1%	110,7%	50,1%

Quelle: Morgan Stanley, eigene Berechnungen

Eine hohe Rückkaufrendite (wie viel Geld, bezogen auf den Aktienkurs, in Rückkaufprogramme investiert wird) bringt überproportionale Kursgewinne. Sieben von zehn Firmen liefen deutlich besser als der jeweilige Vergleichsindex.

Sie fragen sich bestimmt, warum das so ist. Es gibt verschiedene Gründe:

1) Kauft das Management die Aktien des eigenen Unternehmens zurück, hält es die Aktie offensichtlich für unterbewertet. Da der Vorstand besser über den Zustand des Unternehmens Bescheid weiß als die Anleger, schließen sich diese der Meinung des Managements an. Ein gutes Beispiel ist Hucke. Das Modeunternehmen aus Lübbecke in Nordrhein-Westfalen konnte sich im Geschäftsjahr 2002/03 durch den Verkauf der Tochter Basler GmbH für 105 Millionen € komplett entschulden, und es blieben danach sogar noch 29 Millionen € Cash übrig. Das Eigenkapital des Unternehmens lag sogar bei 61,7 Millionen € bzw. 8,0 € je Aktie. Bei einem Aktienkurs von zeitweise unter 2,2 € lag der Börsenwert des Modekonzerns immer wieder im Bereich von 17 Millionen €. Grund genug für Vorstandschef Axel Dorn, 2002 ein Aktienrückkaufprogramm zu starten, knapp 10 % der Aktien zurückzukaufen und 2003 einzuziehen. Auf jeden Fall stieg der Kurs der Aktie innerhalb weniger Tage nach Ankündigung der

Maßnahme um über 10 %. Sie als Anleger hätten von der Ankündigung der Maßnahme schön profitiert. Nicht nur durch den gestiegenen Kurs, sondern auch durch einen höheren Anteil Ihrer Aktien am Eigenkapital und den liquiden Mitteln. Das funktioniert ganz einfach:

Aktienrückkauf – der Buchwert je Aktie steigt		
Beispiel: Hucke		
	Vor Rückkauf	Nach Rückkauf
Eigenkapital	61,7 Mio. €	61,7 Mio. €
Zahl der Aktien	7,7 Mio. Stück	6,9 Mio. Stück
Eigenkapital je Aktie	8,01 €	8,94 €
Rückkaufkurs	2,97 €	

Durch einen Aktienrückkauf und die anschließende Einziehung der Aktien steigt der Anteil der verbleibenden Aktien am Eigenkapital.

Sie sehen: Durch den Rückkauf stieg das Eigenkapital je Hucke-Aktie von 8,01 auf 8,94 €. Anders ausgedrückt: Beim Rückkauf wurden für einen durchschnittlichen Rückkaufkurs von 2,97 € je Hucke Aktie 8,01 € Eigenkapital eingekauft. Ein schönes Geschäft. Selbst wenn der Kurs der Aktie dann nicht steigen sollte: Die Unterbewertung wird noch größer, für Sie als Aktionär sinkt das Risiko von Kursrückschlägen bei der ohnehin zu niedrig bewerteten Aktie weiter ab. Das erklärt auch, warum Aktien mit einem niedrigen KBV noch stärker steigen als bei den übrigen Rückkäufen.

2) Ein Aktienrückkauf ist – genauso wie die Zahlung einer regelmäßigen Dividende – gut für die Disziplin des Managements. Denn werden die freien Mittel in den Kauf eigener Aktien gesteckt, bleibt weniger Geld für Verschwendung: für unrentable Investitionen, für den Bau von Prestigebüros oder für überteuerte Firmenkäufe.

3) Durch den Aktienrückkauf kann ein Unternehmen zusätzlich Steuern sparen. Nimmt ein Unternehmen für den Rückkauf der Aktien

Schulden auf, dann sinkt die Steuerlast im Unternehmen. Denn die Sollzinsen für die Kredite können als Kosten des Fremdkapitals vom Gewinn abgezogen werden. Dividendenzahlungen mindern die Steuerlast dagegen nicht.

Rückkäufe sind also gut für den Anleger. Aber Europa liegt dabei noch deutlich hinter den USA. Bis Ende der 90er-Jahre lag die Rendite, die Aktionäre über Rückkäufe der europäischen Unternehmen erzielten, meist im Bereich von weniger als 0,2 % pro Jahr. In den USA dagegen machten die Anleger mit dieser Form der Dividende eine jährliche Rendite meist von mehr als 1 %. Inzwischen hat sich das Bild etwas geändert. 2003 beispielsweise lag die Rendite aus Aktienrückkäufen in den USA bei 1,8 %, in Europa kamen die Anleger immerhin schon auf 1 %. Zum Vergleich: Die Dividendenrendite der zugrunde liegenden Aktien in Europa lag 2003 bei 3,2 %.

Aktienrückkäufe – die zehn aktivsten Firmen in Europa

Unternehmen	ISIN	Volumen 1997-2003 in Mrd. US-$	Kursgewinn* in % 1997-2003	Performance Vergleichsindex in % 1997-2003
UBS	CH0012032030	14,0	142,2 %	39,2 %
Diageo	GB0002374006	11,1	110,5 %	8,7 %
Novartis	CH0012005267	10,2	71,1 %	39,2 %
Total	FR0000120271	9,9	168,1 %	53,7 %
GlaxoSmithKline	GB0009252882	7,8	44 %	8,7 %
BP	GB0007980591	6,8	56,3 %	8,7 %
Deutsche Bank	DE0005140008	5,3	108,1 %	37,3 %
Royal Dutch Petroleum	NL0000009470	4,7	56,4 %	15,0 %
Danone	FR0000120644	4,6	156,5 %	53,7 %
Barclays	GB0031348658	4,5	136,0 %	8,7 %

*Quelle: Morgan Stanley, eigene Berechnungen, *)inkl. Dividende*

Noch einmal Rückkäufe: hohe Kursgewinne und Steuervorteile.

Wie Sie sehen, sind mit UBS und Novartis gleich zwei Schweizer Unternehmen unter den zehn aktivsten Aktienrückkäufern in Europa. Die Schweizer Anleger profitieren dabei zusätzlich von einem Steuervorteil gegenüber der normalen Dividendenzahlung von fast 40 %.

Auch die Performance kann sich sehen lassen. Alle zehn Top-Rückkäufer schnitten deutlich besser ab als der jeweilige Vergleichsindex. Inklusive gezahlter Dividenden legte dabei der französische Energiekonzern Total um satte 168 % zu. Der Vergleichsindex CAC 40 schaffte nur ein Plus von 53,7 %.

simplified

Mein Tipp

Kaufen Sie Aktien, bei denen Rückkaufprogramme angekündigt wurden, gleich am Tag der Meldung, und setzen Sie damit auf überdurchschnittliche Kursgewinne in den folgenden sechs bis zwölf Monaten.

Auch bei Aktienrückkaufprogrammen müssen Sie Ihre Hausaufgaben erledigen und die Meldungen aus den Unternehmen verfolgen. Viele Rückkaufprogramme werden schon vor der Hauptversammlung des jeweiligen Unternehmens angekündigt. Aber nach der Versammlung und der Genehmigung durch die Aktionäre vergehen oft Wochen oder Monate, bis das Unternehmen tatsächlich Aktien vom Markt nimmt. Normalerweise melden Unternehmen dann allerdings den Start und den konkreten Zeitraum, sobald es so weit ist.

Sie finden nähere Informationen zu den einzelnen Firmen im Internet. Auf der Seite der Deutschen Gesellschaft für Ad-hoc-Publizität (www.dgap.de) melden die meisten deutschen AGs unter anderem auch den Beginn von Rückkaufprogrammen. Wenn Sie die Chance auf noch höhere Kursgewinne steigern wollen, dann können Sie sich auch nur auf die Kandidaten konzentrieren, die zu den 20 % der Firmen mit dem niedrigsten KBV zählen.

Besonders erfolgversprechende Rückkaufkandidaten sind Unternehmen, die genug Geld für den Rückkauf der eigenen Aktien auf dem Konto haben.

Blue Chips mit Rückkaufphantasie und reichlich Liquidität				
Unternehmen	**ISIN**	**Börsenwert in Mrd. €**	**Liquide Mittel 2004 in Mrd. €**	**Dividendenrendite***
Wincor Nixdorf	DE000A0CAYB2	1,1	0,1	2,6 %
BMW	DE0005190003	24	4	2,2 %
Linde	DE0006483001	6,8	0,6	2,4 %
Henkel	DE0006048432	10,6	1,7	1,9 %
Degussa	DE0005421903	6,8	0,2	3,5 %
BASF	DE0005151005	30,1	1,6	3,5 %
Deutsche Börse	DE0005810055	6,8	1,6	1,6 %
Adidas-Salomon	DE0005003404	6,2	0,5	1,3 %
BP	GB0007980591	177,9	1,7	3,2 %
Vodafone	GB0007192106	130,9	17,6	3,2 %
Procter & Gamble	US7427181091	115,7	4,5	2,1 %
Microsoft	US5949181045	222,6	13,1	1,2 %
Intel	US4581401001	138,3	6,9	1,2 %
Bilfinger Berger	DE0005909006	1,4	0,9	3,3 %
K + S	DE0007162000	1,9	0,2	3,3 %
Deutsche Post	DE0005552004	21,6	4,8	3,4 %
MAN	DE0005937007	5,4	0,8	3,1 %
ThyssenKrupp	DE0007500001	7,7	1,4	4,6 %
TUI	DE0006952005	3,6	0,5	3,9 %
Nestlé	CH0012056047	88,3	3,2	2,6 %
ENI	IT0003132476	84,7	1,1	4,3 %
Repsol	ES0173516115	24,8	4,0	2,7 %
Danone	FR0000120644	20,1	0,5	2,0 %
Roche	CH0012032113	19,2	1,7	1,1 %
UBS	CH0012032030	71,8	3,9	3,5 %
Toyota	JP3633400001	106,3	13,2	2,1 %

*Stand Juni 2005, *) teilweise geschätzt, eigene Recherchen*

Bei vielen Firmen gibt es nicht nur Rückkaufphantasie, sondern obendrein eine hohe Dividendenrendite von teilweise mehr als 4 % im Jahr.

Strategie 10: Trading mit Dividenden

Was mir immer wieder aufgefallen ist: Es gibt einige Aktien, und zwar vor allem von Firmen mit einer hohen Dividendenrendite von 4 % oder mehr, die in schöner Regelmäßigkeit über Jahre hinweg ziemlich zuverlässig bestimmte Kursmuster aufweisen. Sie können den Kursverlauf dann durch verschiedene Strategien für Ihre Gewinne ausnutzen:

1) Sie steigen gleich in der Früh am Tag nach der Hauptversammlung ein und warten, bis der Dividendenabschlag aufgeholt wird.

2) Sie kaufen eine Aktie wenige Wochen oder Monate vor der Hauptversammlung und verkaufen den Titel spätestens am Tag der Hauptversammlung, also noch vor der Dividendenzahlung.

3) Wie Punkt 2). Sie verkaufen jedoch nicht vor der Dividendenzahlung. Vielmehr bleiben Sie investiert, nehmen die Dividende mit und warten dann, bis der Dividendenabschlag wieder aufgeholt wird.

Vielleicht denken Sie jetzt:
Das funktioniert doch nie! Doch, es geht! Ich zeige Ihnen ein paar Beispiele von Firmen, bei denen es in der Vergangenheit immer wieder geklappt hat. Beispiel Ahlers AG VZ (ISIN DE0005009732)

(1) Abstauber-Strategie: Einstieg am Tag nach der Hauptversammlung »ex-Dividende«.

Auch dieses Jahr ging es bei den Ahlers-Vorzügen schon am Tag nach der Hauptversammlung, also am Ex-Tag mit Dividendenabschlag, deutlich nach oben. Zwar eröffnete die Aktie wie erwartet mit einem Minus etwa in Höhe des Dividendeabschlags von 0,95 €, doch dann ging der Kurs im Laufe des Tages doch wieder hoch. Die Aktie machte bis zum Börsenschluss 0,54 € von 0,95 € Dividendenabschlag wett und legte so gegenüber dem Eröffnungskurs um rund 4,1 % zu. Zwei Tage später lag der Kurs noch einmal um 2 % höher.

Warum das so ist? Ganz einfach: Gibt es beispielsweise eine hohe Ausschüttung von 5, 6 oder gar 7 % wie bei den Ahlers VZ, dann sinkt am Ex-Tag der Kurs theoretisch um diesen Betrag. Doch mit dem niedrigeren Kurs verbessern sich die Bewertungskennziffern der Aktie: Sinkt beispielsweise der Kurs nach einer Dividendenzahlung von 7 % um 7 %, dann fällt gleichzeitig auch das ausgewiesene bzw. erwartete Kurs-Gewinn-Verhältnis (KGV) entsprechend. Damit wird die Aktie nicht nur optisch über den Aktienkurs billiger, sondern auch über die Bewertungskennziffern.

Das hat Folgen. Denn stimmt die Unternehmensstory nach wie vor, und sind die Wachstumsaussichten intakt, ist die Aktie auf diesem niedrigeren Niveau für viele Anleger wieder eine Kaufgelegenheit. Sie steigen ein, der Kurs zieht wieder an.

Die Abstauber-Strategie funktionierte in den letzten zehn Jahren fast immer. Wer nach der Hauptversammlung am nächsten Tag gleich in der Früh Ex-Dividende eingestiegen ist, konnte zwischen 1996 und 2004 in fünf Jahren den Dividendenabschlag ganz schnell wieder mit einem schönen Kursplus ausgleichen. 2004 dauerte es beispielsweise nur zwei Monate. Sie konnten damals ein Plus von 8,1 % einfach so nebenbei mitnehmen. Zwei Mal dauerte es etwas länger. 2001 und 2002 dauerte es zehn bzw. 30 Monate, bis der Abschlag wieder aufgeholt war. Trotzdem lag die Rendite insgesamt im Durchschnitt bei der Abstauber-Strategie bei 5,3 %, und das bei einer durchschnittlichen Investitionszeit von weniger als sechs Monaten. Die Jahresperformance liegt damit bei 10 %.

Traden mit Dividenden – Die Abstauber-Strategie

Jahr	Dividende in €	Ex-Tag	Eröffnungskurs am Ex-Tag	Zeitraum, bis der Dividendenabschlag wieder ausgeglichen war	Gewinn
1996	0,64	01.07.1996	15,50	3 Monate	4,1 %
1997	0,74	03.07.1997	20,96	2 Monate	3,5 %
1998	0,74	25.06.1998	22,93	Wenige Tage	3,2 %
1999	0,74	25.06.1999	18,80	2 Monate	3,9 %
2000	0,87	29.06.2000	13,20	5 Monate	6,6 %

2001	0,87	28.06.2001	13,00	10 Monate	6,7 %
2002	0,87	17.06.2002	10,80	30 Monate	8,1 %
2003	0,87	27.06.2003	9,80	3 Monate	8,9 %
2004	0,87	31.05.2004	10,80	2 Monate	8,1 %

Bei der Abstauber-Strategie konnten Sie beim Kauf der Ahlers VZ Ex-Dividende am Tag nach der Hauptversammlung dicke Gewinne einstreichen. 2004 beispielsweise lag das Plus nach zwei Monaten bei 8,1 %.

(2) Dividendenjäger-Strategie: Kauf vor der Hauptversammlung

Die Fakten sind ganz eindeutig: Wenn Sie seit 1996 regelmäßig vier Monate vor dem Ex-Tag die Vorzugsaktie der Ahlers AG gekauft hätten und dann am Börsentag vor der Hauptversammlung bzw. zwei Handelstage vor dem Ex-Dividende-Tag ausgestiegen wären, hätten Sie kräftig verdient. Wie Sie im Chart erkennen, ging bei dieser Strategie in jedem Jahr zwischen 1996 und 2005 außer 2001 der Kurs nämlich jeweils in diesem Vier-Monats-Zeitraum teilweise deutlich im zweistelligen Prozentbereich nach oben.

Das dürfte zwei einfache Gründe haben:

1) Viele Anleger legen Wert auf eine schöne Ausschüttung. Sie sind als Dividendenjäger ständig auf der Suche nach attraktiven Dividendenrenditen. Und kaufen eine Aktie vor der Ausschüttung.

2) Einige Wochen oder Monate vor der Dividendenzahlung bzw. dem Beginn der Dividendensaison beginnen viele Anlegermagazine, Börsendienste und Tageszeitungen damit, attraktive Dividendenwerte in Rankings darzustellen und einzelne Firmen zu besprechen. Das bringt Publicity für die dividendenstarken Firmen – und Käufer für ihre Aktien.

Traden mit Dividenden – Die Dividendenjäger-Strategie						
Jahr	Dividende in €	Dividenden-rendite in % am Kauftag	Kurs 4 Monate vor HV	Ex-Tag	Kurs 1 Tag vor HV-Termin bzw. 2 Tage vor Ex-Tag	Gewinn
1996	0,64	5,5%	11,6	01.07.1996	13,85	19,4%
1997	0,74	4,2%	17,65	03.07.1997	23,09	30,8%
1998	0,74	3,8%	19,4	25.06.1998	22,65	16,8%
1999	0,74	4,7%	15,8	25.06.1999	19,60	24,1%
2000	0,87	7,2%	12	29.06.2000	15,50	29,2%
2001	0,87	6,2%	14,1	28.06.2001	14,00	-0,7%
2002	0,87	8,5%	10,25	17.06.2002	12,05	17,6%
2003	0,87	10,1%	8,6	27.06.2003	10,19	18,5%
2004	0,87	7,5%	11,6	31.05.2004	12,00	3,4%
2005	0,95	6,8%	13,9	10.06.2005	14,80	6,5%

Bei den Ahlers-Vorzügen konnten Sie in zehn Jahren pro Jahr durch den Kauf nach der Dividendenjäger-Strategie im Durchschnitt 16,5 % in jeweils nur vier Monaten verdienen.

Wie Sie in der Tabelle sehen: Ein Kauf der Ahlers-Vorzüge vier Monate vor dem Ex-Tag und ein Verkauf zwei Börsentage vor dem Dividendenabschlag brachte seit 1996 schöne Gewinne. Die Strategie ging bis auf 2001 in jedem Jahr auf. Sie konnten so in diesen zehn Jahren jedes Jahr im Durchschnitt in vier Monaten 16,5 % verdienen. Bezogen auf die jeweilige durchschnittliche Investitionsdauer liegt die Jahresperformance dann im Durchschnitt bei rund 50 %.

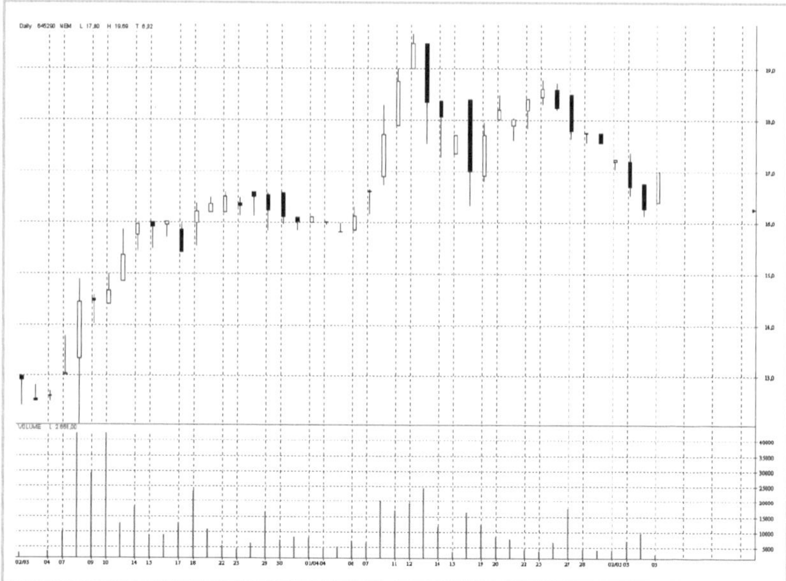

Abbildung 5.12 Seit 1996 legte der Kurs der Ahlers-VZ in den Monaten vor der Hauptversammlung regelmäßig stark zu. 1996 beispielsweise um 19,4 %. Nach dem Dividendenabschlag ging es dann meist auch wieder schnell auf das alte Kursniveau nach oben.
Chart: Market Maker. Quelle: Deutsche Börse.

(3) Kombinations-Strategie – für Abstauber und Dividendenjäger

Die Dividendenjäger- und die Abstauber-Strategie brachten in den letzten zehn Jahren also ganz schöne Gewinne. Noch besser läuft es aber mit der Kombination beider Varianten. Die Ergebnisse sehen Sie in folgender Tabelle:

Traden mit Dividenden – Die Kombinations-Strategie			
Jahr	**Ex-Tag**	**Gesamter Spekulations-Zeitraum**	**Gewinn**
1996	01.07.1996	7 Monate	23,5 %

1997	03.07.1997	6 Monate	34,4%
1998	25.06.1998	4 Monate	20,0%
1999	25.06.1999	6 Monate	28,0%
2000	29.06.2000	9 Monate	35,8%
2001	28.06.2001	14 Monate	6,0%
2002	17.06.2002	34 Monate	25,6%
2003	27.06.2003	7 Monate	27,4%
2004	31.05.2004	6 Monate	11,5%

Die Kombinations-Strategie brachte bei den Ahlers-VZ zum Beispiel im Jahr 2000 in neun Monaten ein Kursplus von 35,8 %.

Der durchschnittliche Gewinn dieser Dividendenstrategie – Kauf vor der Hauptversammlung und Halten der Aktie, bis der Dividendenabschlag wieder aufgeholt wird – lag bei den Ahlers-VZ im Durchschnitt in den letzten zehn Jahren bei rund 21 % pro Jahr. Und das bei einer Haltedauer von durchschnittlich knapp zehn Monaten. Das Plus, bezogen auf die Investitionsdauer, lag damit sogar bei 25 % pro Jahr.

Die Ahlers-VZ sind nur ein Beispiel, mit dem Sie in der Vergangenheit immer wieder schön mit Kauf einige Zeit vor dem Ex-Tag und Verkauf kurz vor dem Dividendenabschlag gut verdient hätten. Es gibt in Deutschland noch andere Aktien, mit denen das funktioniert. Interessant sind hier Werte mit hoher Dividendenrendite von 4 oder 5 % und mehr im Jahr. Achten Sie bei diesen drei Dividendenstrategien aber immer darauf, dass in der Aktie auch genug Umsatz ist, sodass Sie ohne größere Kursausschläge kaufen bzw. wieder verkaufen können.

simplified

Mein Tipp

Weitere deutsche Aktien, bei denen mindestens eine der drei Dividendenstrategien in den vergangenen fünf bis zehn Jahren so gut wie immer funktioniert hat, sind beispielsweise:

MPC (ISIN DE0005187603): Bei dem Finanzdienstleister aus Hamburg liegt die Dividendenrendite oft bei 7 oder 8 %.

simplified

Mein Tipp

WMF VZ (DE0007803033): Der Hersteller von Bestecken und Kochgeschirr aus Geislingen in Baden-Württemberg bietet den Anlegern regelmäßig eine Dividendenrendite von 5 % und mehr.

Westag & Getalit VZ (DE0007775231): Das Traditionsunternehmen aus Rheda-Wiedenbrück in Nordrhein-Westfalen ist ein Produzent von Holzwerkstoffen und Kunststofferzeugnissen. Auch hier bekommen Sie als Anleger meist Ausschüttungen mit einer Rendite von mehr als 5 %.

Bei den vier genannten Aktien brachte das Dividenden-Traden in der Vergangenheit tatsächlich meist schöne Gewinne. Wie gesagt, es gibt sicher noch andere Firmen, bei denen es klappt. Sie müssen hier aber Ihre Hausaufgaben machen und sich die Charts von verschiedenen Unternehmen mit hoher Dividendenrendite vornehmen. Besonders hilfreich sind hier übrigens die Charts von Market Maker (www.market-maker.de) Die Software kostet etwa 400 € einmalige Anschlussgebühr und etwa 20 € für Updates im Monat).

Dividenden-Trading mit Auslandswerten

Natürlich gibt es auch im Ausland viele attraktive Aktien zum Dividenden-Traden. Das funktioniert dann aber eigentlich nur, wenn es nicht mehrere Dividendentermine, beispielsweise über Quartalsdividenden, gibt. Hier sind sonst die einzelnen Zahlungen einfach zu niedrig.

Beispiel Wereldhave (ISIN NL0000289213)

Das niederländische Unternehmen verwaltet Immobilien oder beteiligt sich daran. Auch hier bekommen Anleger meist eine hohe Dividendenrendite von 6, 7 oder gar 8 % im Jahr. Wie Sie im Chart unten erkennen, funktioniert auch hier das Trading. Konkret: Die Dividendenjäger-Strategie, also Kauf wenige Monate vor der Ausschüttung. Im Chart sind die Dividendenzahlungen mit jeweiligem Termin und der Höhe der Ausschüttung eingetragen.

Abbildung 5.13 Dividenden-Trading funktioniert auch mit Auslandswerten, wie hier im Beispiel bei Wereldhave die Dividendenjäger-Strategie. Chart: Market Maker.

simplified

6 Dividende und Vermögensaufbau – Zertifikate und Fonds

Sie haben jetzt zehn profitable Dividendenstrategien kennen gelernt. Wie Sie am Anfang im Buch beim Performancevergleich der verschiedenen Anlageformen gesehen haben, schlagen dividendenstarke Aktien Festverzinsliche wie Anleihen oder Geldmarktfonds oder auch den breiten Aktienmarkt um Längen. Vor allem über einen längeren Zeitraum machen schon ein paar Prozent mehr Rendite im Jahr ein Vermögen aus.

Kein Wunder, dass Dividendenaktien von immer mehr Anlegern auch als Beitrag zur privaten Altersvorsorge entdeckt werden.

Für Pensionäre in den USA spielt die Dividende schon jetzt eine wichtige Rolle. Sie erzielten mehr als die Hälfte ihrer Einnahmen aus Zinsen und Dividenden.

Wegen der starken Zunahme der privaten Vorsorge dürfte das in Deutschland ähnlich ablaufen. Auf Sicht von fünf, zehn, 20 und mehr Jahren dürften deshalb auch hierzulande dividendenstarke Aktien immer mehr zum Renner werden. Wenn Sie jetzt schon attraktive und zuverlässige Dividendenzahler ins Depot nehmen, stehen Sie noch ganz am Anfang des Trends und profitieren doppelt – Sie bekommen nicht nur hübsche Dividenden, sondern machen wahrscheinlich auch noch schöne Kursgewinne.

Sie haben dabei die Wahl: Sie können nach einer der vorgestellten Dividendenstrategien Aktien auswählen, oder Sie überlassen die Auswahl erfolgversprechender Aktien anderen.

Inzwischen gibt es in Deutschland zahlreiche Fonds und Zertifikate mit Fokus Dividende, so etwa alleine 30 Zertifikate auf den DivDAX.

Zertifikate und Fonds für Dividendenjäger				
Emittent	**ISIN**	**Typ**	**Performance 1 Jahr**	**Gebühr**
Commerzbank	DE000CB52598	endlos Zertifikat auf DivDAX Perf. Index	*	–
Commerzbank	DE000CB23268	endlos Zertifikat Europa Top 5 Dividenden	*	3 % Ausgabeaufschlag
Société Générale	DE000SG0EDL4	endlos Zertifikat Dividenden weltweit	*	0,15 % Managementgebühr p. a.
Merrill Lynch	DE0006006455	Zertifikat auf German DAX Top 12 Dividendenaktien	*	1,0 % Managementgebühr p. a.
Deutsche Bank	DE0008366709	Zertifikat auf EuroStoxx Top Dividendenaktien	*	0,9 % Managementgebühr p.a.
HypoVereinsbank	DE0006211345	Zertifikat auf Top Dividendenaktien weltweit	*	–
BWK Dividendenstrategie Euro	DE0009780411	Fonds investiert in Dividendenwerte im Euro-Raum	29,80 %	1,15 % Managementgebühr p. a.; 1,5 % Ausgabeaufschlag
DJE Advisor Funds	LU0159550150	Fonds investiert in Dividendenwerte weltweit	29,44 %	1,5 % Managementgebühr p. a.; 5 % Ausgabeaufschlag
Union Investment Unidividenden ASS	LU0186860408	Fonds investiert in Dividendenwerte vor allem in Europa	31,80 %	1,25 % Managementgebühr p. a.; 4 % Ausgabeaufschlag
Frankfurt Trust FT Highdividend	DE0005317424	Fonds investiert in Dividendenwerte im Euro-Raum	27,50 %	1,25 % Managementgebühr p. a.; 5 % Ausgabeaufschlag

**) Die Zertifikate sind teilweise erst seit wenigen Wochen oder Monaten auf dem Markt.*

Wichtig bei der Auswahl der Fonds und Zertifikate ist die Höhe der Verwaltungsgebühr. Da bei Fonds meist ein Ausgabeaufschlag von bis zu 5 % beim Kauf fällig wird, sollten Sie den jeweiligen Fonds dann auch mit einem Anlagehorizont von mindestens fünf Jahren oder deutlich mehr im Depot lassen und nicht jedes Jahr in ein anderes Produkt umschichten.

Dividendenfonds sind in jüngster Zeit heiß begehrt. Von ganz wenigen Ausnahmen abgesehen gibt es die meisten nämlich etwa erst seit 2003. Immerhin investierten Anleger in diese Fonds bis Mitte 2005 schon rund 10 Milliarden €.

simplified

7 Dividende + Value = mehr Gewinn, weniger Risiko

Value Investing – wie Sie einen Flop leichter vermeiden

»Die mit dem schnellen Geld kommen und verschwinden auch in der Hausse. Die soliden Typen aber überstehen auch die Baisse.«
Aus »Wall Street«.

Gut – Dividenden bringen für Sie als Anleger schöne Gewinne. Und Dividenden schützen Sie vor starken Kursrückschlägen. Meistens. Aber es gibt gelegentlich auch Reinfälle. Siehe Zapf Creation.

Solche Flops können Sie zwar nie zu 100 % ausschließen. Aber Sie können das Risiko auf starke Kursverluste minimieren. Kombinieren Sie doch einfach zwei Dinge: hohe Dividende und Substanz = Value (werthaltig).

Bei der Auswahl der dividendenstarken Aktien ist ja nicht nur wichtig, wie hoch die Dividendenrendite im vergangenen Jahr war, sondern vor allem, ob die Firmen auch in Zukunft weiterhin ordentlich ausschütten können. Für Sie ist deshalb nicht nur die Dividendenrendite wichtig, sondern auch die Bewertung der Aktie und damit die Kursperspektiven.

Das ist mit etwas Arbeit verbunden. Wer sich die Mühe macht und Aktien noch genauer unter die Lupe nimmt, der schafft dann aber oft noch höhere Gewinne. Ich habe beispielsweise für die Anlegerzeitung *Euro am Sonntag* seit 2002 einmal jährlich ein Musterdepot mit jeweils zehn fundamental gesunden und dividendenstarken deutschen Aktien nach Value-Kriterien aufgestellt. Mit diesen Value-Aktien machten die

Leser deutlich mehr Gewinn als mit dem breiten Markt. Brachte der DAX zwischen 2002 und 2005 einen Verlust von insgesamt rund 10 %, so kletterte mein jährliches Value-Musterdepot in dem Zeitraum um 135 % nach oben: mehr als ein Verdoppler beim Vermögen in einem wirklich lausigen Börsenumfeld! Und das ohne Zockerei! Einfach nur mit ganz soliden, vergleichsweise risikoarmen Aktien!

Und Sie werden es sicher schon vermuten: Die meisten der gewählten Firmen zahlten hohe Dividenden – mit Renditen von 5, 6, ja 8 % im Jahr.

Die Value-Strategie

Hier kommen wir zu einem alten Bekannten: Benjamin Graham. Das Finanzgenie hat nicht nur die Grundlagen für die Dogs of the Dow gelegt, sondern auch eine zweite profitable Anlagestrategie, die viel mit Dividenden zu tun hat, entwickelt. Nämlich 1934 das Value Investing.

Der Grundgedanke ist einfach: Aktien haben einen inneren, also fairen Wert. Der Kurs schwankt im Lauf der Zeit um diesen Wert. Damit ist die Aktie mal teurer, mal billiger. Diesen fairen Wert können Sie als Anleger durch eine intensive Prüfung und Bewertung des Unternehmens ermitteln.

Graham rät: Anleger sollten eine Aktie nur dann kaufen, wenn sie an der Börse billiger ist als ihr fairer Wert, und so lange warten, bis dieser Abschlag vom fairen Wert über steigende Kurse abgebaut ist. Diesen Abschlag vom Börsenkurs nannte er übrigens »Margin of Safety«, also ein Sicherheitspolster.

Das bringt zwei Voreile:

- **Mehr Sicherheit:**
Value-Aktien sind deutlich weniger anfällig für starke Kursrückgänge als der breite Markt. Die Gründe sind einfach: Durch die intensive Prüfung einer Aktie auf Herz und Nieren werden Enttäuschungen über den Geschäftsverlauf ziemlich sicher vermieden. Gibt es doch einmal eine

Fehleinschätzung, dann schützt der Kauf deutlich unter dem fairen Wert – üblich ist hier ein Abschlag von 20 bis 30 % – den Value Investor zusätzlich. Besonders wichtig: Ein Kaufkriterium für Value-Investoren ist die Dividendenrendite. Eben weil auch sie vor starken Kursverlusten schützt.

▸ **Eine höhere Performance:**
Value-Investoren lassen den Markt bei der jährlichen Performance weit hinter sich.

Benjamin Graham etwa erzielte mit seiner Investmentfirma zwischen 1929 und 1956 für seine Klienten einen jährlichen Vermögenszuwachs von 17 %. Einer seiner Schüler, der bekannteste Value-Investor der Welt, Warren Buffett, ist allerdings noch besser: Der Buchwert seiner Investmentfirma Berkshire Hathaway (ISIN US0846701086 und ISIN US0846702076) stieg zwischen 1965 und 2004 im Durchschnitt pro Jahr um 21,9 %. Der breite US-Aktienmarkt mit dem S&P 500, in dem die 500 größten US-Aktiengesellschaften notieren, brachte nur ein jährliches Plus von durchschnittlich 10,4 %. Bei Berkshire Hathaway zeigt sich auch das Thema Sicherheit sehr deutlich. Denn der Buchwert der Aktie fiel in diesem Zeitraum von 40 Jahren tatsächlich nur ein einziges Mal, nämlich im Jahr 2001 um 6,2 %. Der S&P 500 hatte dagegen zehn Verlustjahre mit einem maximalen Minus von 26 %.

In Deutschland ist die Value Holdings AG (ISIN DE0007600405) einer der wenigen reinrassigen Value-Investoren. Firmenchef Georg Geiger praktiziert diesen Anlagestil seit 1992. Seither schaffte er mit dem Portfolio der Value Holdings ein jährliches Kursplus von durchschnittlich 20,1 %. Der DAX brachte im selben Zeitraum einen Gewinn pro Jahr von 7,2 %.

Was uns die Kennziffern sagen

Auch für Value-Investoren spielt die Dividende eine wichtige Rolle. Denn unter anderem anhand der Höhe der Ausschüttung und der Historie der Zahlungen erkennen sie erfolgversprechende und riskante Aktien. Value-Investoren prüfen zuerst die Bilanz eines Unternehmens und verschiedene Bewertungskennziffern.

8 Kriterien für »value«: Je mehr erfüllt sind, umso besser	
KGV (Kurs-Gewinn-Verhältnis)	< 10: Die Gewinne sollten nachhaltig über einen längeren Zeitraum erzielt worden sein.
KBV (Kurs-Buchwert-Verhältnis) (Buchwert = EK; evtl. noch Abzug des Goodwill)	< 1: Das Vermögen sollte werthaltig sein, also nicht nur aus Forderungen oder immateriellen Werten bestehen.
KCV (Kurs-Cashflow-Verhältnis)	< 4
Eigenkapitalquote	> 30 %
Eigenkapitalrendite	> 12 %: Die Eigenkapitalrendite muss nachhaltig sein.
Gewinnwachstum	> 10 % p. a.: Das Gewinnwachstum muss nachhaltig sein.
Dividendenrendite (Dividende je Aktie in €/Kurs je Aktie in €) x 100 %	> 5 % p. a.: Die Dividende muss nachhaltig aus dem Gewinn gezahlt worden sein.
Umsatzrendite (Gewinn/Umsatz) x 100 %	Hier ist der Branchenvergleich besonders wichtig

Mit diesen acht Kennziffern können Sie Unternehmen schon ziemlich treffsicher bewerten.

Value-Investoren gehen bei der Prüfung eines Unternehmens meist noch viel mehr ins Detail. Die acht Kennzahlen sind aber normalerweise ausreichend. Sie können allerdings nicht starr betrachtet werden. Liegt beispielsweise die Dividendenrendite bei 5 % oder darüber, dann rechtfertigt das unter Umständen auch zum Beispiel ein höheres KGV oder ein höheres KBV.

Was sagen die Kennziffern im Einzelnen?

▸ **KGV:**

Zeigt Ihnen, wie lang ein Unternehmen braucht, um seinen eigenen Börsenwert zu verdienen. Bei einem KGV von 10 dauert es entsprechend zehn Jahre. Spannend sind Aktien, bei denen das KGV deutlich unter dem Branchendurchschnitt oder unter dem Wert des breiten Marktes oder des Vergleichsindex liegt. Bei den Aktien im DAX liegt das KGV meist etwa zwischen 15 und 25.

▸ **KBV:**

Liegt der Aktienkurs unter dem Eigenkapital je Aktie, dann deutet das auf eine Unterbewertung der Firma hin. Da Aktien eigentlich nur selten unter ihren Buchwert fallen, bedeutet umgekehrt ein hohes KBV gleichzeitig oft ein hohes Kursrisiko. Wichtig ist auch, wie die Vermögenswerte aussehen. Ein hoher Firmenwert oder immaterielle Vermögensgegenstände sind weniger gut. Am besten ist eine hohe Cash-Position. Besonders interessant sind Aktien mit einem KBV bis etwa 1,5. Im DAX haben beispielsweise einige Firmen ein KBV von 4 und deutlich mehr. Firmen aus dem Bereich »Tech«, »Biotech« oder »Medien« sind nur sehr selten »value«. SAP beispielsweise hat ein KBV von 9,7.

▸ **KCV:**
Der Cashflow ist, vereinfacht gesagt, der Überschuss der Betriebseinnahmen über die Betriebsausgaben. Je höher das KCV, um so weniger liquide Mittel fließen dem Unternehmen vergleichsweise zu. Generell stellt sich die Frage: Erzielt das Unternehmen einen positiven Cashflow aus der laufenden Geschäftstätigkeit und kann es damit seine Verpflichtungen wie Zinsen, Dividenden und Investitionen bezahlen?

▸ **EK-Quote:**
Eine hohe EK-Quote bedeutet eine geringe Verschuldung und damit eine niedrige Zinsbelastung.

▸ **EK-Rendite:**
Eine hohe EK-Quote und eine hohe EK-Rendite deuten auf eine gute Firmenpolitik hin.

▸ **Gewinnwachstum:**
Viele Anleger glauben, Value-Aktien oder Firmen aus reifen Branchen seien langweilig und würden nur langsam wachsen. Damit liegen sie daneben. Viele Value-Firmen wachsen beim Gewinn langfristig im zweistelligen Prozentbereich pro Jahr. Die Maschinenfabrik Berthold Hermle beispielsweise hatte in den letzten vier Jahren ein durchschnittliches Gewinnwachstum von 15 % im Jahr. Oder Salzgitter: Beim Stahlkonzern aus der gleichnamigen Stadt in Niedersachsen gab es in drei Jahren im Durchschnitt 78 % Gewinnwachstum im Jahr.

▸ **Umsatzrendite:**
Ist die Umsatzrendite im Branchenvergleich hoch, dann kann eine Firma entweder höhere Preise durchsetzen als die Konkurrenz, weil ihre Mar-

ken und Produkte besser sind, oder aber sie produziert billiger als die Konkurrenz.

Neben der Bewertung eines Unternehmens aufgrund der Bilanz und der verschiedenen Kennziffern sehen sich Value-Investoren auch die weichen Faktoren an. Dazu zählen die Produkte, die Marken, die Marktstellung und das Management.

Etwa ob das Unternehmen dem Kunden Produkte bietet, die er wirklich braucht, nicht irgendeine Modeerscheinung oder nur Schnickschnack. Gute Produkte sind oft Voraussetzung für schöne Gewinne und eine entsprechend hohe Dividende.

Oder die Marke. Vor allem in der Flaute können Firmen mit starken Marken der Konkurrenz Marktanteile abjagen. Erstklassige Marken, Lifestyle-Marken oder gar Kultprodukte bringen nicht nur den Unternehmen, sondern auch dem Handel höhere Margen. In der Flaute fliegen dann weniger starke Produkte zuerst aus dem Regal.

Oder das Management. Hier ist zum Beispiel interessant, wie lange der Vorstand schon in der Branche tätig ist und ob er seine Prognosen regelmäßig einhält bzw. sogar noch übertrifft.

Nach dieser intensiven Prüfung errechnen Value-Investoren dann einen mehr oder weniger hohen fairen Wert für ein Unternehmen. Gekauft wird eine Aktie aber erst dann, wenn die harten und weichen Faktoren stimmen und die Aktie zusätzlich 20, 30 % oder tiefer unter ihrem fairen Wert an der Börse notiert. Hier liegt das Geheimnis des Erfolgs. Denn je höher der faire Wert ist, umso größer wird das Risiko. Ein Value-Investor zahlt dann unter Umständen sogar zu viel für eine Aktie.

Wenn Sie auf Dividenden setzen wollen, sind für Sie auch Value-Fonds interessant. Beim Value Holdings Capital Partners Fund beispielsweise liegt die durchschnittliche Dividendenrendite der Aktien im Portfolio meist bei 4 % und höher.

Value-Fonds: Gute Performance bei niedrigem Risiko					
Fonds	**ISIN**	**Volatilität 1 Jahr**	**max. Minus 1 Jahr**	**Performance 1 Jahr**	**Ausgabe-aufschlag**
DAX	-	12,9%	-6,0%	25,0%	-
Acatis Aktien Deutschland	LU0158903558	8,9%	-5,8%	30,7%	5,5%
Lupus Alpha Smaller German Champions	LU0129233507	11,2%	-7,6%	36,8%	5,0%
Value Holdings Capital Partners Fund	LI0013873901	8,4%	-3,9%	26,3%	0,0%

Die Volatilität bei Value-Fonds ist deutlich niedriger als im breiten Markt.

Value-Investoren brauchen Geduld

Hohe Performance und geringes Risiko. Klingt eigentlich ganz vernünftig. Doch auch Value-Investing hat einen Haken: Anleger brauchen für diese Strategie Geduld und Disziplin.

Value finden Anleger meist im Bereich der Small Caps. Der Grund ist einfach: Hier gibt es kaum Öffentlichkeitsarbeit und nur einen spärlichen Informationsfluss. Zusätzlich werden die kleinen Firmen von Analysten und institutionellen Anlegern weder regelmäßig noch intensiv beobachtet. Gute Meldungen oder eine niedrige Bewertung bleiben so manchmal über Jahre vom Markt unerkannt. Bis die Aktien steigen, kann viel Zeit vergehen.

Ein Beispiel dafür, wie der Markt tolle Perspektiven verschläft, ist die Hans Einhell AG. Der Hersteller von Geräten für Hobbygärtner und Heimwerker aus Landau an der Isar brachte im Aktionärsbrief im Mai 2003 einen tollen Ausblick: »An unserem Ziel, im Jahr 2003 einen Jahresüberschuss von 7-8 Millionen € zu erreichen, halten wir weiterhin fest.«

Eigentlich eine Sensation. Denn das Unternehmen hatte damals bei einem Aktienkurs von etwa 6,80 € einen Börsenwert von rund 20 Millionen €. Das prognostizierte KGV lag damit bei weniger als 3. Obendrein hatte Einhell wirklich ein bewährtes Geschäftsmodell und gute Produkte. Also kein Grund, der Meldung zu misstrauen.

Abbildung 7.1 Führte die Einhell-Aktie lange Zeit ein Schattendasein an der Börse, so stiegen nach ihrer Entdeckung Kurs und Handelsvolumen deutlich an. Inzwischen sind auch zahlreiche Fondsgesellschaften investiert.

Trotzdem passierte lange nichts mit der Aktie. Bis endlich ein Anlegermagazin Einhell ausgrub. Von da an ging es steil nach oben. Schon Ende 2003 stand der Aktienkurs bei 17 €.

Und mit den höheren Kursen stieg auch das Handelsvolumen der Aktie. Lag der Handel in der Einhell-Aktie Anfang 2003 im Bereich von Null, so explodierte der Umsatz nach der Entdeckung. 20.000, 30.000 gehandelte Stück – ein Handelsvolumen von 0,3 Millionen € und mehr am Tag, war schon bald ganz normal. Das hatte weitere Folgen: Mit dem höheren Handelsvolumen floss noch mehr Geld in die Aktie. Denn Großanleger, vor allem Fondsgesellschaften, haben bei niedrigen Handelsumsätzen in einer Aktie ein Problem: Selbst bei einer guten Aktien können sie normalerweise nur einsteigen, wenn sie auch die gewünschten Stückzahlen relativ zügig innerhalb weniger Tage einsammeln können, ohne damit den Kurs nach oben zu treiben. Gleiches gilt natürlich auch beim Verkauf. Das große Geld fließt damit erst dann in eine Aktie, wenn die Handelsumsätze an der Börse stimmen.

Small Caps starten schneller durch

Small Caps sind aber nicht nur ein lohnendes Revier für Dividendenjäger und Value-Investoren. Die kleinen Firmen sind aus einem weiteren Grund attraktiv: Sie sind wesentlich flexibler als Großkonzerne und überwinden Krisen meist schneller. Nach einer Studie des US-Researchhauses Ned Davis legten die Aktienkurse der kleinen Firmen in den USA in den ersten drei Jahren nach einer der insgesamt 13 Rezessionen im Lande seit 1927 um durchschnittlich 89 % zu. Die Blue Chips schafften nur 52 %. Dieser Small-Caps-Effekt ist Folge der größeren Anpassungsfähigkeit und Flexibilität und damit schneller steigender Gewinne nach einer Rezession.

Das richtige Timing

*»Lieber eine schlechte Aktie zum richtigen Zeitpunkt
als eine gute zum falschen.«* Thomas Mann.

Gut – schlechte Aktien sollten Sie generell meiden. Das ist eher etwas für Spielernaturen und Zocker. Aber der Preis ist tatsächlich auch bei guten Aktien eine Frage des richtigen Einstiegszeitpunkts. Doch hier ist weniger das richtige Timing, der Zeitpunkt, bei dem man ein Tief beim Einstieg und ein Hoch beim Verkauf erwischt, gefragt. Das ist nämlich wirklich reine Glückssache. Vielmehr wird der richtige Zeitpunkt, ob eine Aktie ein »Kauf« ist, durch andere Faktoren bestimmt. Und hier spielen die fundamentalen Daten eine entscheidende Rolle. Denn notiert eine Aktie bei der Bewertung schon deutlich unter dem fairen Wert oder liegt die Dividendenrendite schon bei 8 %, dann kann es zwar noch weiter mit dem Kurs nach unten gehen, aber eben auch nicht. Das ist reines Spiel. Also: einsteigen, wenn die Bewertung stimmt, aussteigen, wenn sie nicht mehr passt.

15 typische Value-Aktien

Unternehmen	ISIN	KGV 2006	Dividenden-rendite in %	KBV	EK-Quote in %
AS Creation	DE0005079909	9,7	4,1 %	1,3	55,1 %
Einhell VZ	DE0005654933	10,0	1,6 %	2,0	38,6 %
Euwax	DE0005660104	9,2	5,3 %	2,6	75,7 %
Gerry Weber	DE0007761504	12,0	3,0 %	2,5	54,6 %
Hermle VZ	DE0006052830	10,3	3,1 %	1,5	70,1 %
Hymer	DE0006096704	11,3	1,6 %	2,7	38,1 %
Hyrican	DE0006004500	11,3	8,3 %	1,5	71,2 %
Jungheinrich VZ	DE0006219934	10,9	2,6 %	1,6	25,6 %
K + S	DE0007162000	13,6	3,2 %	3,2	32,5 %
Kässbohrer	DE0006262009	11,1	1,8 %	2,7	40,9 %
Krones	DE0006335003	12,7	1,3 %	2,2	48,6 %
PWO	DE0006968001	7,8	3,4 %	1,5	33,0 %
Salzgitter	DE0006202005	7,8	1,6 %	1,4	26,5 %
Südzucker	DE0007297004	9,8	3,1 %	1,3	38,0 %
Vossloh	DE0007667107	10,5	3,3 %	1,8	32,5 %

Typische Value-Aktien bieten gleichzeitig eine hohe Dividendenrendite.

simplified

Mein Tipp

Wenn Sie sich die Arbeit machen und Aktien nicht nur nach der Höhe der Dividenden auswählen, sondern auch unter Value-Aspekten, dann senken Sie damit nicht nur Ihr Risiko, sondern erhöhen gleichzeitig Ihre Kurschancen.

simplified

8 Online-Broker – Achten Sie auf die Konditionen

Wie Sie in zehn Jahren 6.000 € Gebühren sparen

»Hin und her macht Taschen leer.«
Alte Börsenweisheit

Mit Dividenden lässt sich richtig Geld verdienen. Auch mit Value. Aber einen ganz wichtigen Punkt sollten Sie beim Spekulieren oder Investieren unbedingt beachten: die Kosten.

Sie denken jetzt vielleicht: Ach, auf die Gebühren bei meinen Aktienorders brauche ich nicht so genau achten. Ich mache doch sowieso nicht viele Geschäfte. Von wegen. Schon bei wenigen Orders pro Monat läppert es sich in zehn Jahren ordentlich zusammen. Stellen Sie sich Folgendes vor: Sie handeln 14-mal im Jahr Aktien im Wert von jeweils 5.000 €. Kauf und Verkauf. Zum Beispiel mit der Trading-Strategie bei den Ahlers-Vorzügen: Kauf und Verkauf vor der Hauptversammlung, Kauf und Verkauf danach. Insgesamt also vier Transaktionen, zweimal Kauf und zweimal Verkauf. Und dann nehmen Sie noch einmal im Jahr die Low 5 aus DAX, MDAX, SDAX oder einem anderen Index ins Depot und verkaufen ein Jahr später: Macht noch einmal zusammen zehn Transaktionen, fünfmal Kauf, fünfmal Verkauf. Insgesamt kommen Sie so ohne große Zockerei auf 14 Transaktionen.

Bei einem Kurswert von 5.000 € je Order nehmen Banken oft 1 % je Transaktion, macht also 50 € je Order. Bei Kauf und Verkauf zahlen Sie dann zusammen 100 € Gebühren. Bei 14 Geschäften, sieben Käufen und sieben Verkäufen sind das schon 700 € Gebühren im Jahr. Wenn Sie Jahr für Jahr immer ähnlich aktiv an der Börse sind, macht das in zehn Jahren 7.000 € Gebühren. Das ist viel Geld. Das Geld müssen Sie erst einmal über Ihre Börsengewinne verdienen! Auch wenn Dividendenstrategien in der Vergangenheit schöne Gewinne brachten: Achten Sie immer die Spesen! Sie haben kein Geld zu verschenken!

Achten Sie auf die Gebühren			
	Gebühren 1 % bei Filialbank	Gebühren günstigster Anbieter*	Gebühren normaler Online-Broker**
Trading-Strategie 4 Transaktionen pro Jahr à 5.000 €	200 €	20 €	70 €
Low Five 10 Transaktionen pro Jahr à 5.000 €	500 €	50 €	175 €
Gebühren pro Jahr	700 €	70 €	245 €
Gebühren in 10 Jahren	7.000 €	700 €	2.450 €
Ersparnis	-	6.300 €	4.550 €

**) interactive Brokers; **) Circa-Betrag Consors, Comdirect oder DAB Bank*

Bei den Konditionen gibt es gewaltige Unterschiede zwischen den Banken und den Online-Brokern.

Es gibt große Unterschiede. Denn während Geschäftsbanken, Sparkassen oder Raiffeisenbanken wie im Beispiel oft tatsächlich 1 % vom Kurswert je Transaktion berechnen, zahlen Sie bei Direktbanken und Online-Brokern meist deutlich weniger: Hier können Sie nämlich sogar schon ab 0,1 % Gebühr einsteigen. Im Beispiel sparen Sie sich beim billigsten Anbieter so 90 % Ihrer Transaktionskosten, nämlich 6.300 € in zehn Jahren. Bei den großen Anbietern Cortal Consors, Comdirect oder DAB Bank liegt die Ersparnis immer noch deutlich über 4.000 € in zehn Jahren.

Ein Depot bei einem Online-Broker bietet gegenüber dem bei der normalen Hausbank nicht nur einen Gebührenvorteil. Sie haben zusätzlich einen Informationsvorsprung und können schneller agieren oder reagieren.

Denn die meisten Online-Broker haben auf ihrer Internetseite einiges zu bieten: Nachrichten zu den einzelnen Firmen, Analyse-Tools zu fundamentalen Kennziffern, Charts und Marktdaten oder Analystenmeinungen, Ratings und Rankings.

Die Handelssysteme, mit denen Sie die Aktien ordern können, bieten zusätzlichen Komfort: Sie haben dort eigentlich bei allen Anbietern Realtime-Kurse, sehen also, wo gerade jetzt im Moment, in dieser Sekunde, der aktuelle Börsenkurs einer Aktie liegt. Dazu kommt normalerweise auch die sogenannte Times & Sales-Funktion. Damit können Sie je nach Börsenplatz erkennen, wie viele Stücke von einer Aktie jeweils zu welcher Zeit gehandelt wurden. Sie erkennen dann möglicherweise, ob ein größerer Käufer oder Verkäufer am Markt tätig ist.

Manche Anbieter wie Sino, fimatex oder E*Trade bieten auch richtige Profi-Tools zum Handeln. Die Systeme sind aber zum Teil teuer und rentieren sich entsprechend nur für sehr aktive Anleger oder gar Heavy Trader mit zehn, 20 und mehr Trades am Tag. Wenn Sie nur wenige Transaktionen je Monat oder Woche abwickeln, brauchen Sie diese teuren Profisysteme nicht.

Wo Sie internationale Dividendenwerte am besten kaufen

Wenn Sie auch internationale Dividendenwerte ins Depot nehmen wollen, sollten Sie darauf achten, dass Sie bei Ihrem Online-Broker auch an der jeweiligen nationalen Börsen die Aktie kaufen und verkaufen können. Zwar werden in Deutschland einige tausend Auslandswerte gehandelt, doch sind hier die Handelsumsätze meist sehr niedrig. Sie bekommen dann eine Aktie entweder tagelang nicht, oder aber Sie kriegen die gewünschten Stücke nur gegen einen deutlich höheren Kurs. Umgekehrt werden Sie die Aktie dann beim Verkauf möglicherweise nur zu einem deutlich niedrigeren Kurs los.

Also:
Marktenge Werte können Sie oft am besten an der jeweiligen Heimatbörse kaufen. Allerdings sind dann die Gebühren je nach Bank oder Broker teilweise recht hoch.

Bei geringen Ordervolumina von einigen hundert € ist der Kauf im Ausland deswegen auf keinen Fall zu empfehlen. Wer nicht im Ausland kauft, sollte die Order auf jeden Fall limitieren.

simplified

Mein Tipp

1) Wer nicht über das Internet handeln will, kann auch beim jeweiligen Online-Broker anrufen oder ein Fax schicken. Das kostet dann meist eine Extragebühr von 5 bis 10 € je Transaktion, ist aber insgesamt immer noch viel billiger als bei den Filialbanken. Wer aber nach wie vor seine Börsengeschäfte bei seiner Hausbank abwickeln will, der kann dort vielleicht etwas günstigere Konditionen aushandeln. Eine Senkung der Gebühr je Transaktion auf 0,75 % vom Ordervolumen sollte auf jeden Fall drin sein.

2) Besonders gut sind Banken und Online-Broker, die den so genannten Cross-Border-Handel ermöglichen. Sie können dabei zum Beispiel eine US-Aktie an der NYSE oder Nasdaq in New York kaufen und bei attraktiven Kursen in Deutschland verkaufen. Und umgekehrt. Sie werden dadurch noch flexibler, können schneller auf Marktentwicklungen reagieren und vielleicht sogar den einen oder anderen Schnäppchenkurs einheimsen.

Wertpapierkredit – überspannen Sie den Bogen nicht!

Stellen Sie sich vor: Sie bekommen einen heißen Dividendentipp und sind gerade jetzt mit Ihrem Depot voll investiert. Mit einem Wertpapierkredit können Sie trotzdem einsteigen. Achten Sie deshalb darauf, ob Ihre Bank oder Ihr Broker einen Wertpapierkredit anbietet.

Mit diesem Kredit können Sie Ihr Depot beleihen. Deutsche Aktien aus dem DAX oder MDAX haben einen Beleihungswert von meist etwa 60 %.

Kleine Small Caps taugen als Sicherheit deutlich weniger, bei manchen Banken bekommen Sie dafür überhaupt keinen Kredit. Das gilt auch für ausländische Aktien, ganz besonders auch hier für kleine Unternehmen oder Tech-Werte an der Nasdaq.

Anleihen bringen je nach Bonität des Emittenten bis zu 100 % Beleihungswert. Das gilt beispielsweise bei Staatsanleihen der Bundesrepublik Deutschland.

Übrigens: Bei einigen Banken ist der Wertpapierkredit nicht zweckgebunden. Sie können damit zum Beispiel auch ein neues Auto oder die Urlaubsreise finanzieren. Der Zins liegt meist im Bereich von 5 bis 6 % pro Jahr.

Aber Vorsicht:
Beleihen Sie Ihr Depot nicht zu hoch. Fallen nämlich die Kurse, dann sinkt auch die Sicherheit für Ihren Wertpapierkredit. Sie müssen dann unter Umständen Sicherheiten nachliefern. Können Sie das nicht, verkauft die Bank zwangsweise Aktien aus Ihrem Depot – und dann möglicherweise zum absoluten Tiefstkurs.

Direktbanken und Online-Broker					
	Internet www.	Telefon	Kundenzahl Online Bokerage	Cross Border	Wertpapier-kredit
Citigroup	citibank.de	01803-322111	ca. 100 Tsd.	nein	nein
Comdirect	comdirect.de	01803-4445	ca. 550 Tsd.	nein	ja
Cortal-Consors	http://web.consors.de	01803-252515	ca. 500 Tsd.	ja	ja
DAB Bank	dab-bank.de	01802-254500	ca. 450 Tsd.	ja	ja
E*Trade	etrade.de	0800-3332001	ca. 10 Tsd.	ja	ja
fimatex	fimatex.de	069-7107530	ca. 25 Tsd.	ja	ja
INGDiBa	ing-diba.de	01802-445588	ca. 350 Tsd.	nein	nein
Interactive Brokers	interactivebrokers.com	00800-42276537	-	ja	nein
Max Blue	maxblue.de	01818-1000	ca. 400 Tsd.	ja	ja
Postbank Easytrade	easytrade.de	01803-040500	ca. 500 Tsd.	teilweise	nein
S-Broker	sbroker.de	0800-2080900	ca. 100 Tsd.	ja	ja
Sino	sino.de	0800-8007466	ca. 400	ja	ja
Nordnet	nordnetonline.de	06196-954413	ca. 11 Tsd.	nein	ja
wallstreet-online	wallstreet-online.de	-	ca. 1 Tsd.	nein	nein
1822direkt	1822direkt.de	01803-241822	-	nein	nein

*) beim Kauf via Internet. Dazu kommen teilweise noch Spesen und Maklergebühren bei Parkettbörsen;
***) für Viel- bzw. Heavy-Trader teilweise deutlich günstigere Gebühren. Es gibt nicht »den« günstigsten Broker

Realtime-Kurse	Gebühren bei Ordervolumen*	5.000	10.000	20.000	Gebühren Auslandsorders	Bemerkung
ja		9,99 €	9,99 €	9,99 €	keine Auslandsbörsen	
ja		17,4 € ***	29,9 € ***	42,4 € ***	20,4 €/32,9 €/45, 4 €***	
ja		17,45 € ***	29,95 € ***	42,45 € ***	ab 32,45 €/44,95 €/ 57,45 €***	
ja		18,95 €	31,45 €	43,95 €	ab 27,5 €/40 €/52,5 €	
ja		12,50 €	25 €	37,50 €	US-Börsen: 14,95 $	Für sehr aktive Anleger
ja		11 €***	22 €***	44 € ***	ca. 12 €/22 €/44 €***	Für sehr aktive Anleger
ja		12,50 €	25 €	37,50 €	keine Auslandsbörsen	
ja		5 €	10 €	20 €	ca. 5 €/10 €/20 €	Für sehr aktive Anleger sehr günstig bei Auslands-orders
ja		19,99 €	19,99 €	34,99 €	39,99 €/39,99 €/5 4,99 €	
nein		12,95 €	18,95 €	18,95 €	39 €/45 €/45 €	
ja		15 €	20 €	30 €	30 €/50 €/60 €	
ja		8 € auf Xetra ***	15 € auf Xetra ***	30 € auf Xetra ***	zuzügl. fremde Spesen am jeweiligen Börsenplatz,	Für sehr aktive Anleger und Heavy-Trader
ja		8,99 € auf Xetra	13,99 € auf Xetra	23,99 € auf Xetra	z. B. 5.000 € Order 13 € Gebühren	
ja		14,95 €	14,95 €	14,95 €	keine Auslandsbörsen	
ja		10,95 €	20,95 €	37,95 €	zuzügl. fremde Spesen am jeweiligen Börsenplatz	

**) bei telefonischer oder schriftlicher Auftragserteilung per Fax werden teilweise etwa 5 € zusätzlich berechnet; Online Broker. Das hängt vielmehr stark vom jeweiligen Kundentyp mit seinem Orderverhalten ab.

9 Was der Staat berechnet

»Ihr klagt über die vielen Steuern: Unsere Trägheit nimmt uns zweimal so viel ab, unsere Eitelkeit dreimal so viel und unsere Torheit viermal so viel.«
Benjamin Franklin, Staatsmann

Jetzt kommen wir zu einem weniger erfreulichen Kapitel – Steuern. Der deutsche Staat erhebt, wie auf andere Einkommensarten auch, Steuern auf Kursgewinne und Dividendeneinnahmen. Im Gegensatz beispielsweise zum Lohn oder Gehalt zeigt er sich bei diesen Kapitaleinkünften jedoch ungewohnt großzügig. Denn hier gelten deutliche Ermäßigungen mit einer Steuerersparnis von 50 bis 100 %.

Grundsätzlich gilt für Sie:

Als Steuerinländer, also mit Wohnsitz in Deutschland, sind Sie auch in Deutschland steuerpflichtig.

Bei Kursgewinnen gilt:

Sofern Sie die Gewinne innerhalb eines Jahres nach Kauf der Aktie realisieren, also innerhalb der gesetzlichen Spekulationsfrist, müssen Sie die Hälfte davon nach dem Halbeinkünfteverfahren mit Ihrem persönlichen Einkommensteuersatz versteuern. Verluste können Sie übrigens mit Spekulationsgewinnen verrechnen. Halten Sie eine Aktie länger als ein Jahr, ist dagegen der komplette Gewinn steuerfrei.

Auch Dividendenzahlungen bei Aktien im Privatvermögen unterliegen dem Halbeinkünfteverfahren. Entsprechend wird hier die Hälfte der Ausschüttung mit Ihrem persönlichen Einkommensteuersatz besteuert.

Allerdings gibt es bei Kursgewinnen und Dividendenzahlungen zusätzlich zur Steuerermäßigung noch Freibeträge.

Grundsätzlich sind Dividendenzahlungen bei den Einkünften aus Kapitalvermögen auszuweisen. Für Ledige gibt es 2005 einen Sparerfreibetrag in Höhe von 1.370 € zuzüglich eines Werbungskosten-Pauschbetrages von 51 €. Somit sind bei Ledigen insgesamt 1.421 € an Einkünften aus Kapitalvermögen, also auch Dividendenzahlungen, steuerfrei. Bei Verheirateten liegt der Betrag mit 2.842 € doppelt so hoch.

Wenn Sie nur Dividenden von deutschen Unternehmen kassieren, ist das Thema Steuer damit erledigt. Bei Dividendenzahlungen ausländischer AGs ist es ein klein wenig komplizierter. Denn hier langt auch der ausländische Fiskus teilweise kräftig zu. Damit Sie als Anleger nicht zweimal – einmal vom deutschen und dann noch zusätzlich vom jeweiligen ausländischen Finanzamt – zur Kasse gebeten werden, hat Deutschland mit etwa 80 Staaten weltweit Doppelbesteuerungsabkommen geschlossen.

Sie als Anleger in Deutschland zahlen für ausländische Dividendenwerte meist Quellensteuer. Diese wird direkt vom Ausschüttungsbetrag abgezogen. Damit Sie kein Geld verschenken, müssen Sie ein paar Dinge beachten.

Sie haben zwei Möglichkeiten:

1) Sie stellen im jeweiligen Land einen Antrag auf Ermäßigung der Quellensteuer. Die erforderlichen Formulare erhalten Sie normalerweise bei Ihrer Depotbank. In einigen Ländern erfolgt die Ermäßigung dann direkt von der Auszahlung. Oft müssen Sie sich aber die zu viel bezahlte Quellensteuer erst nachträglich im Ausland rückerstatten lassen.

Quellensteuer auf Dividenden – so viel nimmt der Fiskus im Ausland			
Land	Quellensteuer in % im jeweiligen Land	Ermäßigungsanspruch in %	Quellensteuer anrechenbar in Deutschland in %
Australien	30 %	15 %	15 %
Belgien	25 %	10 %	15 %
Dänemark	25 %	10 %	15 %
Finnland	15 %	0 %	15 %

Frankreich	25%	10%	15%
Großbritannien	0%	0%	0%
Italien	27%	12%	15%
Japan	15%	0%	15%
Kanada	25%	10%	15%
Niederlande	25%	10%	15%
Österreich	25%	15%	15%
Schweden	30%	15%	15%
Schweiz	35%	20%	15%
Spanien	25%	10%	15%
USA	30%	15%	15%

Je nach Land werden bei Dividendeneinkünften ausländischer Unternehmen meist Steuersätze zwischen 15 und 35 % direkt von der Ausschüttung als Quellensteuer abgezogen.

Ein Beispiel:

Angenommen, Sie bekommen von einer australischen Aktiengesellschaft eine Dividende in Höhe von 100€. Es werden 25 % Quellensteuer vom Fiskus in Australien einbehalten (siehe Tabelle). Sie bekommen eine Gutschrift von 75€ auf Ihrem Konto. Wenn Sie in Australien einen Antrag auf Ermäßigung bei der Quellensteuer gestellt haben, sieht Ihre Einkommensteuererklärung folgendermaßen aus:

Sie tragen die Dividende in Höhe von 100€ bei Ihrer Steuererklärung in die Anlage KAP ein. Der steuerpflichtige Ertrag liegt bei 50 %, also 50€. Diesen Wert tragen Sie dann in die Anlage AUS ein. Die anrechenbare Quellensteuer – im Beispiel Australien sind das 15 % (siehe Tabelle) – in Höhe von 15€ tragen Sie ebenfalls in die Anlage AUS ein. Alternativ können Sie den Betrag ebenfalls in der Anlage AUS als Werbungskostenabzug geltend machen. Den Ermäßigungsanspruch von 15 % machen Sie noch über eine Steuerabrechnung mit dem australischen Fiskus geltend.

2) Bei der Abrechnung mit dem deutschen Finanzamt können Sie entweder die im Ausland gezahlte Quellensteuer auf Ihre Steuerschuld in Deutschland anrechnen oder als Werbungskosten abziehen. Allerdings: Sind Ihre gesamten Kapitalerträge niedriger als der Sparerfrei-

betrag plus Werbungskostenpauschbetrag, dann bleiben Sie auf der ausländischen Quellensteuer sitzen.

Denn das Finanzamt rechnet die im Ausland gezahlte Quellensteuer maximal bis zur Höhe der deutschen Steuerschuld an. So wird eben manchmal nicht die gesamte im Ausland abgeführte Quellensteuer verrechnet.

Beim Werbungskostenabzug gilt diese Einschränkung nicht. Hier können Sie dann, ebenso wie bei Ländern ohne Doppelbesteuerungsabkommen, die Quellensteuer in tatsächlicher Höhe verrechnen.

simplified

Schlussbemerkung

Dividenden standen beim breiten Börsenpublikum lange Zeit völlig zu Unrecht im Schatten von Wachstum, Tech und Internet. Doch wie die Vergangenheit gezeigt hat, war der Kauf solcher Aktien meist nichts weiter als reine riskante Zockerei. Ohne konkreten Plan bei der Auswahl der Aktien gleicht solches Spekulieren mehr der Lotterie. Gewinne sind selten. Verlust wahrscheinlich. Ein sinnvoller Vermögensaufbau kaum möglich.

Wer sich jetzt mit Dividenden beschäftigt, spürt schnell den festen und sicheren Boden, auf dem er sich bewegt. Schon die einfachen Einstiegsstrategien bieten Ihnen ohne großen Aufwand langfristig über einen Zeitraum von zehn Jahren und mehr die besten Voraussetzungen für eine klare Outperformance, also im Vergleich zum breiten Markt deutlich höhere Gewinne.

Für alle Anleger, denen die etwas einfachen und statischen Dividendenstrategien wie »Dogs of DAX« oder »Low Five DAX« zu langweilig sind, bietet das Trading mit Dividendenwerten deutlich mehr Spannung.

Wenn Sie sogar noch mehr Zeit investieren, fleißig sind und Ihre Hausaufgaben machen, dann können Sie durch die Bewertung der einzelnen Unternehmen in der Königsdisziplin der Börse, dem Value Investing, wirklich gezielt die besten deutschen und internationalen Dividendenwerte herauspicken. Wenn Sie die Grundlagen der Bewertung von Aktien und Unternehmen beachten, werden Sie große Enttäuschungen ziemlich sicher vermeiden und immer wieder viel versprechende Aktien schon lange vor dem Markt entdecken.

Im Gegensatz zur breiten Masse, die nur sprachlos dasteht und sich wundert, wie clevere Börsianer hier mal wieder das Kaninchen aus dem Zylinder gezogen haben, sitzen Sie dann schon auf dicken Gewinnen.

Sie haben jetzt das Handwerkszeug in der Hand. Mit den phantastischen Möglichkeiten des Internet, mit den Online-Unternehmensmeldungen und den jederzeit abrufbaren Geschäfts- und Quartalsberichten steht Ihnen so ein völlig neues, wunderbares Anlageuniversum offen.

simplified

Stichwortverzeichnis

A

B

C

D

I

K

L

M

N

O

P

Q

R

S

»simplified« – aktuell, prägnant, günstig.

Die neue »simplified«-Buchreihe erklärt aktuelle Investmentthemen kompakt und leicht verständlich.

simplified – die neue Buchreihe zu Investmentthemen, die schneller auf den Punkt kommt. Aktuelle, prägnant, günstig. Eben simplified. Eine Gemeinschaftsproduktion von Investor Verlag und FinanzBuch Verlag.

Gold, Zucker, Nickel oder Öl – immer mehr Anleger interessieren sich für Rohstoffe. Doch vielen fehlt das Hintergrundwissen, um bei der aktuellen Rohstoffrally mitmachen zu können. Hier hilft dieses Buch: Das Wesentliche zum Thema Rohstoffe – einfach, kompakt und verständlich.

Preis: 12,90 €

ISBN 3-89879-163-7

» Wer in den nächsten 15 Jahren Geld an den weltweiten Finanzmärkten verdienen will, sollte in Rohstoffe investieren. «

Jim Rogers

Die Trendfolge-Strategie ist eine äußerst unkomplizierte Art, um erfolgreich in Aktien zu investieren. Man muss nur dem aktuellen Aktien-Trend folgen. Proffe erklärt in diesem Buch, was Trendfolge-Aktien sind und wie es möglich ist, sie mit Hilfe bestimmter Indikatoren zu identifizieren. Einfach erklärt erhält der Leser kompaktes Wissen anschaulich vermittelt.

Preis: 12,90 €

ISBN 3-89879-164-5

» Die Trendfolge ist im Trading ein zentrales Konzept und funktioniert einfach und wunderbar. «

Börse Online

Als Emerging Markets werden Schwellenländer wie die Staaten in Lateinamerika oder Ost-europa bezeichnet. Die Börsen dieser Märkte sind oft sehr gut entwickelt. Daniel Wilhelmi zeigt wie, wo und wann man dort profitabel handelt.

Preis: 12,90 €

ISBN 3-89879-162-9

» Die Volkswirtschaften der Emerging Markets verzeichnen derzeit die stärkste Expansion seit 20 Jahren. «

FAZ

Zertifikate sind in aller Munde. Immer mehr Anleger haben diese neuen Derivate in ihrem Depot. Doch mit der Anzahl der angebotenen Produkte schwindet auch der Überblick. Hier bringt der Zertifikate-Experte Markus Jordan Licht ins Dunkel. Erfahren Sie alles über die Welt der Zertifikate – kurz, prägnant, übersichtlich. Simplified eben.

Preis: 12,90 €

ISBN 3-89879-161-0

» Zertifikate spielen in der Praxis eine immer größere Rolle. «

Business-Wissen

Charts sind das Herz der Technischen Analyse. John Murphy erklärt, von Widerstandslinien bis V-Bottom, leicht verständlich und umfassend die Grundlagen der Charttechnik. Lernen Sie die wichtigsten Muster kennen und verbessern Sie Ihre Anlageerfolge entscheidend. Exzellent erklärt vom Meister der Technischen Analyse.

Preis: 12,90 €

ISBN 3-89879-168-8

» John Murphy ist ein Meister und eine Legende der Technischen Analyse. «

Wallstreet Journal

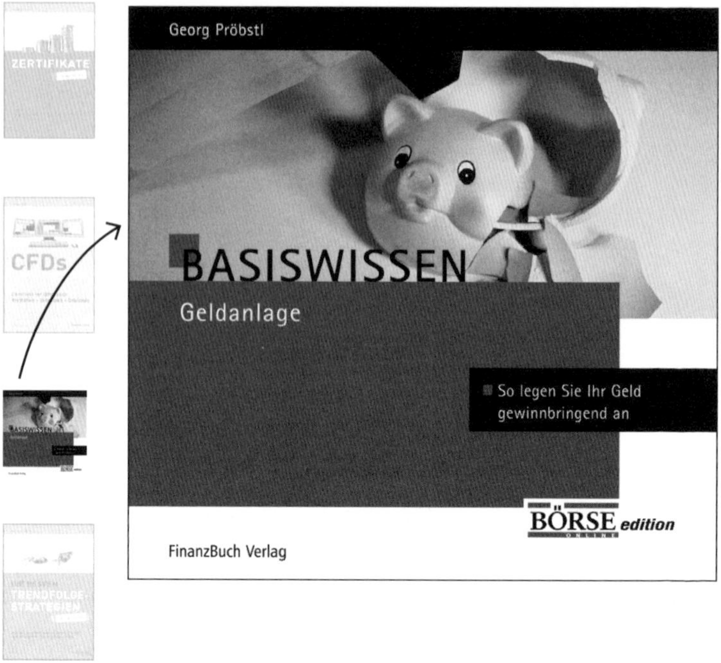

Georg Pröbstl

Hörbuch Basiswissen Geldanlage

ca. 70 Minuten – 1 CD

Preis € 8,90 (D); € --,-- (A); SFr --,--

ISBN 3-89879-176-9

Vor 5 Jahren war die Börse in aller Munde. Manche verdienten tatsächlich so manche schnelle Mark. Die meisten aber zahlten hohes Lehrgeld. Jetzt ist vielen Anlegern klar: Wer an der Börse Geld verdienen will, muss ihr Wesen erst verstehen. Nur dann kann er Fehler vermeiden, den wahren Wert seiner Investments abschätzen und erfolgreich anlegen.

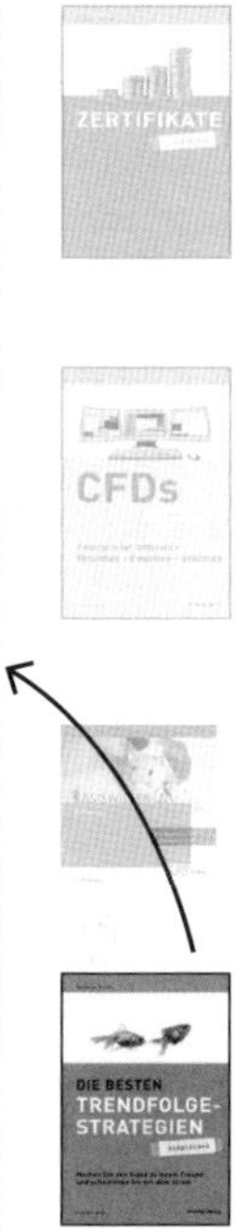

Michael Proffe

Die besten Trendfolge-strategien

112 Seiten, Broschur
Preis € 12,90 (D); € 13,30 (A); SFr 23,50
ISBN 3-89879-164-5

Ganz gleich ob die Märkte fallen oder steigen, es gibt immer Werte, die in einem stabilen Trend laufen. Die Trendfolgestrategie ist eine äußerst nervenschonende, entspannende und unkomplizierte Art, um erfolgreich in Aktien zu investieren. Man muss nur dem aktuellen Aktien-Trend hinterherlaufen. Michael Proffe erklärt in diesem Buch, was Trendfolge-Aktien sind und wie es möglich ist, sie mit Hilfe bestimmter Indikatoren zu identifizieren. Einfach erklärt – und auch für Einsteiger verständlich – erhält der Leser kompaktes Wissen anschaulich vermittelt.